Von Singapur ins Goldene Dreieck

Reisereportagen

Rüdiger Schneider

Von Singapur ins Goldene Dreieck

Reisereportagen

Bibliografische Information der Deutschen Nationalbibliothek: Die Deutsche Nationalbibliothek verzeichnet diese Publikation in der Deutschen Nationalbibliografie; detaillierte bibliografische Daten sind im Internet über http://dnb.d-nb.de abrufbar.

© 2017 Rüdiger Schneider
© Fotos: Rüdiger Schneider

Herstellung und Verlag: BoD - Books on Demand, Norderstedt

ISBN: 978-3-74316-2570

Inhalt

Vorwort ….. 6

Am Fluss der Zwei Farben ….. 7

Eine Geschichte aus Isaan ….. 16

Die 1148 nach Nan ….. 24

Vom Kwai zum Dreipagodenpass ….. 36

Literarische Robinsonade ….. 48

Von Singapur ins Goldene Dreieck ….. 57

Suan Mokh – Garten der Befreiung ….. 86

Vorwort

Bisher konnte man die Reisereportagen aus den Jahren 1991-1995 auf meiner Website lesen. Das ist vorbei. Da ich dem digitalen Wesen oder meinetwegen auch Unwesen mehr und mehr misstraue (andauernd wird man gezwungen, sich neuen Systemen anzupassen), ist mir ein Büchlein lieber. Ich habe den digitalen Stress einfach satt. Ich lege mir auch kein Smartphone zu, bin auch nicht bei facebook, sondern würde viel lieber, wenn ich etwas mitzuteilen habe, wie ein Indianer mein Pferd satteln. Hier also, auf gutem alten Papier, die Reisereportagen zu den Motorradtouren durch Südostasien.

Bad Breisig im März 2017

Am Fluss der zwei Farben

Es war die zweite Reise den Mekong entlang. Entlang des asiatischen Stromes, der im Norden Thailands für eine kurze Strecke Grenze zu Laos ist, sich dann in einer großen Schleife nach Osten wendet, nur durch Laos fließt, um schließlich ab dem thailändischen Tha Li auf etwa achthundert Kilometern Länge wieder Grenze zu sein zwischen beiden Ländern. Danach durchquert der Mekong Kambodscha, erreicht Vietnam, bildet südlich von Saigon- offiziell Ho Tschi Minh City - das Mekongdelta, und mündet im Südchinesischen Meer.

Die erste Fahrt fand im Monsun statt und endete in einer Sintflut in Nakon Phanom. Die Zündkerzen soffen ab. Tagelang schüttete es aus schwarzem Himmel, und dort, wo die Straße nicht asphaltiert war, hätte ein Boot bessere Dienste getan als ein Motorrad.

Die zweite Reise war in der Trockenzeit. Dieses Mal mußte es leicht möglich sein, entlang der Mekongstrecke jenen äußersten südöstlichen Punkt zu erreichen, wo sich der Strom endgültig von Thailand verabschiedet. Welch unterschiedliche Impressionen! Strömte der Mekong im Monsun noch breit und

Landschaft am Mekong

Mekong bei Kong-Chiam

Mekong im Mündungsdelta

im Mündungsdelta

Fischer am Mekong

lehmbraun dahin, so war er im April, zum Ende der Trockenzeit, zu einem harmlosen, gleichwohl noch breiten Fluß geworden, in dessen Bett immer wieder felsige Inseln auftauchten. Und wie unterschiedlich zu jeder Zeit auch die beiden Ufer! Still, zurückgezogen, scheinbar unbewohnt das laotische. Quirlig, lebendig, lebhaft das der Thais. In Chiang Khan, in der Nähe des Dorfes Tha Li begann ich die Tour den Mekong entlang, saß am Abend in einer der Restaurantsalas auf einer Holzterrasse, die in den Strom hineingebaut war und konnte diesen Kontrast wie noch so oft danach beobachten. Dunkel das Ufer von Laos. Lichterkaskaden auf der Thaiseite. Bei Tage jedoch entwickelte sich immer ein kleiner Grenzverkehr.

Wo Markt war, kamen von der laotischen Seite Frauen in schmalen Longtailbooten, brachten Fische, Hühner, Säcke mit Chilli und Knoblauch, selbst gebrannten Reisschnaps, den Khao Lao. Und sie brachten oft auch jene Schüsseln, die aus dem Aluminium abgeschossener US-Flugzeuge gefertigt waren.

Nicht immer führte die Straße den Mekong entlang. Manchmal lief sie ein Stück ins Landesinnere, um dann aber wieder zum Strom zurückzukehren. Einsam, wenig befahren war sie stets, und der Blick konnte sich in der Weite der ausgetrockneten Reisfelder und der Wälder verlieren. Eine neue Gefahr kam jetzt hinzu. Die Wasserbüffel lagen nicht mehr träge in den sonst zahlreichen Schlammtümpeln, sondern durchstreiften die Gegend. In aller Regel überquerten sie bedächtig die Straße, aber hin und wieder geschah es, daß ein Nachzügler, mit dem man nicht rechnete, in Panik folgte, unvermittelt aus den Büschen brach und in einem nie vermuteten Tempo über die Straße fegte.

Nach drei Tagen hatte ich den äußersten südöstlichen Punkt erreicht: Kong Chiam, eine kleine Stadt, eher doch ein gemütliches Dorf, die meisten Häuser aus Holz. Ich kam in den Ort am Abend, fand ein freundliches Guesthouse, in dem das Zimmer mit Ventilator und Moskitonetz drei Mark kostete. Kaffee und Tee in dem dazugehörenden Restaurant waren zu jeder Zeit frei.

Zwei oder drei Tage hatte ich bleiben wollen. Ich blieb einen ganzen Monat. Der Grund ist schwer zu beschreiben. Immer wieder versuchte ich es mit verschiedenen Formulierungen, die jedoch alle eins gemeinsam hatten: die Zeit und das Zeitgefühl. Ich erlebte den Stillstand der Zeit,

Höhlenbuddhas

Abend am Mekong

prähistorische Höhlenzeichnung

das Ruhen der Zeit, ein archaisches Zeitgefühl. Am frühen Morgen zogen gemächlich Wasserbüffel die Straße entlang. Sie hatten Glocken umgebunden. Ein stetes melodisches Läuten begleitete sie. Die Sonne stieg höher. Das Land begann in hellen, warmen Farben zu leuchten.

Auf dem Mekong trieben ein paar Boote, langsam, als hätten sie alle Zeit der Welt. Nichts und gar nichts verlief mit irgendeiner Geschwindigkeit, einem nervösen Hasten, wie es zumeist das Tempo der westlichen Welt bestimmt und fordert. Und dann war da vor allem jener Punkt des Ortes, wo zwei Flüsse zusammentrafen: der Mekong mit seinem braunen, dunklen Wasser und der Moon mit dem helleren, grünen. Sah man genauer hin, so konnte man im Mündungsdelta ein kreiselndes Zweifarbenspiel wahrnehmen, das dem Ort auch seinen Namen gegeben hatte: Maenam Song Si – Fluß der Zwei Farben.

Direkt an diesem Delta lag ein einfaches Bambusrestaurant, das Pak Moon. Hier konnte ich stundenlang sitzen, die Zeit vergessen, den Booten zusehen, den Wasserbüffeln, den gemächlichen Geschäftigkeiten, wenn ein Boot am Ufer festmachte und in einer fast schon provozierenden Gemütlichkeit die Waren ausgeräumt wurden. Zum Mittag hin lag das

Mündungsdelta immer in einem gleißenden Licht, so als sei der Himmel von brennendem Magnesium illuminiert. Und ab Mittag spielten sie dann im Pak Moon die typische Musik Isarns, des Ostens Thailands, eine Musik, die sich mit ihren hohen Klängen und den steten Variationen des ‚Children of the Fields' ins Blut drängt wie griechische Sirtakis. Und etwa so, wie man sich in ein Mädchen verlieben kann, verliebte ich mich in diese Musik und in den Fluß der Zwei Farben. Am Abend dann flammten Lichter auf im Pak Moon, Sängerinnen kamen in glitzernden Kostümen, betraten eine einfache Holzbühne, verzauberten mit romantischen Thaisongs die beginnende Nacht und beschenkten einen mit dem freundlichsten Lächeln der Welt, wenn man ihnen nach dem Lied einen Malikranz umhängte.

Natürlich saß ich nicht nur im Pak Moon. Kong Chiams Umgebung war für viele Überraschungen gut. Am Rande des Dorfes entdeckte ich eine Höhle mit goldenen Buddhas, ein paar Kilometer weiter nur lag das Plateau von Pa Thaem, hoch über dem Mekong gelegen und faszinierende Ausblicke auf Laos gebend. Neunzehn Millionen Jahre war dieses Plateau alt, und hier gab es prähistorische Felszeichnungen.

In rotbrauner Farbe stellten sie Krüge dar, Eßgeräte, Hände, Werkzeuge, Menschensilhouetten, Schildkröten und einen riesigen Fisch aus dem Mekong, den Pla Mük.

Oft wartete ich dort auch den Einbruch der Dämmerung ab, wenn das Band des Stromes sich zu dunklem Gold verfärbte. Im Pak Moon bekam ich allerdings auch mit, daß die schöne, ruhige Welt gefährdet war.

Fünf Kilometer von Kong Chiam entfernt, den Moon aufwärts, liegt das wilde, ursprüngliche Kaeng Tha Na. Hier stürzt sich der Moon über felsige Stromschnellen dem Mekong entgegen. Dumpfe Detonationen waren von dort zu hören. Der Moon sollte gezähmt, ein riesiges Staubecken gebaut werden, die Turbinen später Strom bis Laos liefern. Felsen und Stromschnellen wurden gesprengt, ein riesiges Areal eingeebnet. Im Pak Moon lernte ich eines Abends auch einen der amerikanischen Ingenieure kennen, einen Sprengmeister aus Nevada. Er zählte mir die technischen Segnungen auf, die das Land bald zu erwarten habe und schimpfte über die Proteste der Farmer, die das Projekt immer wieder verzögerten. Sie wollten ihre Felder und Hütten, die bald unter Wasser liegen würden, nicht verlassen.

„Verliert sich dann auch das Zweifarbenspiel im Mündungsdelta?" fragte ich ihn.

„Wahrscheinlich schon. Aber dafür ist Laos ganz hell erleuchtet."

Die Dämmerung kam, der Mekong glühte, die Berge am gegenüberliegenden Ufer standen wie Silhouetten gegen den Himmel. Der Ingenieur hatte seit zwei Stunden Singha-Bier getrunken, wurde stiller, begann zu grübeln, wurde vielleicht sentimental. Auch er sah jetzt zu dem sich abdunkelnden Laos hinüber. Eine Zeit lang schwieg er, bestellte sich ein neues Bier und sagte dann:

„Ach, Junge, weißt du, manchmal frage ich mich auch, was das mit dem Fortschritt soll. Aber irgendwie bist du ja immer gezwungen, dem Teufel zu dienen und Kohle zu machen. Du drehst das Rad nicht zurück."

Eine Geschichte aus Isaan

Isaan oder Isana nach dem alten Sanskritnamen, das ist der Nordosten Thailands. Im Süden grenzt es an Kambodscha, nach Nord und Ost bildet der Mekong die Grenze zum benachbarten Laos. Der Monsunregen bleibt hier oft aus. Die Reisfelder werden dürr, der Boden zerspringt, so daß die Farmer auf der Suche nach Arbeit auswandern in das schon übervölkerte Bangkok. Diesen Aspekt Isaans kann man kennenlernen in den Erzählungen Pira Sudham's: ‚Rain', ‚Monsoon Country' und ‚Siamese Drama' (Pira Sudham's Best, Shire Books Editions, Bangkok 1991).

Isaan aber hat noch ein zweites Gesicht, ein Gesicht von anmutiger, bezaubernder Schönheit, das sich um so mehr einprägt, je länger man in diesem Teil Thailands verweilt. Da gibt es die Tempelanlagen des alten Khmer-Reiches zu entdecken mit ihrem eigenartigen Farbenspiel zwischen dem hellen, rötlichen Laterit und dem dunkleren Sandstein. Errichtet sind sie aus wuchtigen Steinquadern, so als müßten sie Statik, Tiefe, Dauer der Dinge beweisen.

Dahingegen wirken die Thaitempel mit ihrem Dekor aus Rot und Gold und den züngelnden Flammendächern fast schon

auf den Straßen Isaans

Khmertempel

Khmerkunst

verspielt. Meisterhaft die in kunstvoller Filigranarbeit in den Stein getriebenen Reliefs der Khmer wie etwa in Phanom Rung, erbaut auf einem erloschenen Vulkankegel, von dem aus man südöstlich bis nach Kambodscha hineinsehen kann, und zwar genau in die Richtung der ehemaligen Hauptstadt Angkors.

Und es gibt nicht nur Phanom Rung mit seiner monumentalen Tempelanlage. Manchmal tauchen die Relikte des ehemaligen Angkor-Empire's auch überraschend am Rande einsamer Straßen auf.

Kein Volk der Welt feiert mehr als das der Thais. Es gibt des Königs Geburtstag, den der Königin, dazwischen das romantische Loy Kratong, wo am Abend in der Dunkelheit brennende Kerzen auf Lotusblättern hinaus auf Seen und Flüsse geschickt werden. Hinzu kommen zahlreiche buddhistische Feiertage, und dreimal sogar feiert man „Happy New Year". Das westliche, das chinesische und das buddhistische. Isaan legt zu all diesen Feiertagen noch etwas hinzu.

Da gibt es das Khmer-Fest in Phanom Rung, den Bon-Pha-Wate-Umzug in Roi Et, die Elefantenparade in Surin, das Drachenfest in Buriram, den Umzug für Khunying Mo in Nakon Ratchasima, die Lamduanfeiern in Si Sa Ket, das Kerzen- und Lichterfestival in Ubon

Ratchathani und dann vor allem das Raketenfestival in Yasathon. Mädchen, ganz in Violett und mit grünen Seidenschals um den Schultern, tanzen die Straßen entlang, dazwischen Trommler, rote Tücher verwegen um die Stirn gebunden, und nach den Umzügen starten meterlange selbstgebaute Raketen von Holzrampen empor, um den für die Reisfelder benötigten Regen herbeizuwünschen.

Und da ist dann auch beim Fahren die Faszination einsamer und lichtüberfluteter Straßen, und hin und wieder sehe ich mich vor der Aufgabe, mit dem Motorrad die knirschenden Bohlen einer schwankenden Hängebrücke zu überqueren.

Wenn Fußgänger, kleine Suzukis und die leichten Honda Dreams hinüberkommen, dann ich vielleicht doch auch. Fahren aber kann man das nicht mehr nennen.

Ich hangel mich an den Seilen entlang, unter mir das Motorrad balancierend, auf das Geräusch des Holzes horchend, gefaßt darauf, die Maschine in die Tiefe sausen zu lassen, um im letzten Moment ein Seil zu greifen. Die Brücken, bei allem Schwanken, erweisen sich als stabil.

Hängebrücke

Relikte des Khmerreiches

Töpferarbeiten

Eine dieser Straßen führte mich in das Dorf Dan Kwiam, gelegen am Moon in der Nähe der Stadt Nakon Ratchasima oder auch kurz Korat genannt.

Längs der Straße durch Dan Kwiam ziehen sich zu beiden Seiten Töpferläden. Die meisten der dort angebotenen Stücke stammen aus fabrikartiger Massenproduktion, gleichen einander wie ein Ei dem anderen. Dazwischen aber gibt es auch Stände und Werkstätten, die Kunstwerke von eigenwillig archaischer Schönheit anbieten. Sofort fällt auf, daß hier keine industrielle Fertigung vorliegt. In Dan Kwiam macht dazu eine eigenartige Geschichte die Runde.

Die Menschen arbeiteten hier früher paarweise. Mann und Frau. Der eine drehte die Scheibe, die andere formte den Ton. Oder: Die eine drehte die Scheibe, der andere formte den Ton. Dann kam jemand auf die Idee, mit Hilfe der Elektrizität die Produktion zu steigern. Die Technik sollte es fortan ermöglichen, die Scheibe mit konstanter Geschwindigkeit zu drehen. Da saßen sie dann alleine, jeder und jede für sich, und arbeiteten. Die Stückzahlen verdoppelten, verdreifachten, vervierfachten sich. Was in nüchterner Terminologie einfach auch Profitmaximierung heißt oder Vereinzelung des Menschen durch Industrie. Die Arbeit machte keinen Spaß mehr. Monoton trieb der Strom die Scheibe, ein industrieller Sklaventreiber zählte am Abend die Produktion. Ein zunehmend ödes Leben. Konnte man doch vorher gemeinsam bei der Arbeit singen, sich Geschichten erzählen und Sanuk (Spaß) haben. Mit dem Ruhm von Dan Kwiam ging es bergab.

Da kam eines Tages ein kambodschanischer Töpfermeister in das Dorf, blieb und unterwies die Menschen in der Formkunst der alten Khmer. Der Kambodschaner, so wurde mir erzählt, habe den Töpfern von Dan Kwiam Folgendes gesagt: „Wenn ihr wieder besonders schöne Stücke formen wollt, dann muß die Scheibe von Menschenkraft betrieben werden. Das Formende und das Drehende sind eins. Eure Seele dreht die Scheibe, und eure Seele formt den Ton. Und vor allem müßt ihr auch wieder Spaß an der Arbeit haben."

Die Menschen von Dan Kwiam schafften den Strom an der Scheibe wieder ab, kehrten zurück zur gemeinsamen Herstellung von Töpfen, Vasen, Schüsseln, Krügen, Windspielen. Einer drehte wieder die Scheibe, ein anderer formte den Ton.

Eine romantische Geschichte? Mag sein. Gewiß haben nicht alle den Strom an der Töpferscheibe abgestellt. Aber einige haben es bis heute so gehalten. Die Vereinzelung war aufgehoben, Mann und Frau arbeiteten wieder zusammen, sangen gemeinsam die Lieder Isaans, lachten und erzählten sich bei der Arbeit Geschichten. Der Stern des kleinen Dorfes am Moon stieg wieder empor.

Die 1148 nach Nan

Die 1148 war betörend schön! Die Sonne im Mittag, die Luft heiß, gleißend, flimmernd. Das Sirren der Zikaden zog sich die Straße entlang. Manchmal ebbte es ab, verstummte. Dann konnte man aus dem Bambus den Ton versteckter Windharfen vernehmen.

Das Fax der Redaktion hatte mich in Chiang Rai, Nordthailand, erreicht. Es lautete: „Geheimtip Nan. Fahr nicht allein. Wir brauchen hundert Aufnahmen 'Motorrad in Action'."

Ich sah mir in meinem Reiseführer an, wo Nan lag und las dazu: „Nan, gleichnamige Hauptstadt Thailands nordöstlicher Provinz. Früher Schlupfwinkel der Guerillas der PLAT, der 'People's Liberation Army of Thailand'. Private Räuber und Schmugglerbanden machen die Gegend immer noch unsicher. Nicht alleine mit dem Motorrad fahren. Hier ist schon mancher von der Maschine geschossen worden."

Nach Nan führte die 1148. Auf einer Karte mit großem Maßstab sah ich mir die Strecke etwas genauer an und stellte fest, daß ich am Anfang noch einige Dörfer, vielleicht sogar kleine Städte zu erwarten hatte, dann aber nur noch versteckte Siedlungen der Hilltribes. Die Straße war als asphaltiert und mit Schotter belegt angegeben. Aber das hieß nichts. Für die 250 Kilometer von Chiang Rai nach Nan mußte ich je nach Straßenzustand zwei Tage einrechnen. Auf Schotter und durchweichtem Grund war das Motorrad nur mit Mühe zu steuern. Über das Wetter machte ich mir weniger Sorgen. Es war Ende Dezember, Trockenzeit. Regenfälle waren selten, aber nicht ungewöhnlich. Über Chiang Rai, als ich das Fax der Redaktion erhielt, tobte allerdings gerade seit zwei Tagen ein Gewitter und setzte die Straßen der Umgebung unter Wasser.

Die 1148 nach Nan. Diesen Winkel Thailands kannte ich noch nicht, und die 1148 setzte sich mehr und mehr fest als eine verlockende Reise ins Unbekannte, ins Abenteuer, ins Wagnis und wurde gleichsam zum Symbol einer Gegenexistenz zum normalen, abgesicherten bürgerlichen Leben und Reisen.

Drei Tage hatte ich noch in Chiang Rai verbracht. Drei Tage lang tobte ein für diese Jahreszeit so seltenes Gewitter. Nachts sank das Thermometer unter zehn Grad, tagsüber kam es kaum über fünfzehn. Üblich waren sonst in der Sonne des Tages zwischen 25 und 30 Grad. Ideal zum Motorrad fahren. Erst ab fünf Uhr nachmittags, wenn die Sonne versank, wurde es wieder empfindlich kühl auf der Maschine.

Gegen Abend des dritten Tages klarte der Himmel auf. Ich verspürte eine unbändige Lust, mich endlich wieder zu bewegen. Warum nicht Chiang Rai jetzt schon verlassen und der 1148 ein Stück entgegenfahren? Hotels waren zwar nicht mehr zu erwarten, aber es würde nicht schwierig sein, in irgendeinem Dorf an der Straße einen Tempel zu finden, wo es auf einer Bastmatte eine harte, aber sichere Übernachtung geben würde. Ich packte meine Motorradbox, beglich an der Rezeption die Rechnung auch für die kommende Nacht und fuhr in den Abend hinein Richtung Nan. Es war der 30. Dezember 1993 oder nach buddhistischer Zeitrechnung das Jahr 2536.

Zuerst hatte ich die 1020 zu finden nach Thoeng, einer kleinen Stadt, etwa dreißig Kilometer in östlicher Richtung liegend. Die Straße war schmal, gut asphaltiert und zog an brachliegenden Reisfeldern vorbei über die

Hochebene Chiang Rais. Die Sonne war untergegangen, der Himmel glühte, ja klirrte in tiefen, satten Farben, und in der Dämmerung flammte zuerst die Venus auf. Die 1020 verlief still und schnurgerade in ein flammendes Inferno aus Rot, Orange und sich abdunkelndem Gold. Und nur wenig später, da hatte sich das Firmament mit leuchtenden Punkten überzogen, und von der Straße sah man nur noch das, was sich der Scheinwerferkegel aus ihr herausschnitt.

Es war kalt auf der Maschine. Trotz Lederjacke, Schal, Handschuhen, zwei übereinander gezogenen Jeans. Der Fahrtwind drang unerbittlich durch alles hindurch. Die Hände wurden klamm, die Ohren brannten wie in einem sibirischen Winter - ich fuhr, was in den meisten Provinzen Thailands erlaubt war, ohne Helm. Der Gedanke an einen heißen Kaffee wurde von Kilometer zu Kilometer verlockender.

In Thoeng wärmte ich mich in einer der einfachen Restaurantsalas an einem Kaffee und einer scharfen Nudelsuppe, brachte aber, vor Kälte noch zitternd, den Löffel kaum in den Mund. Die Besitzer der Sala, ein freundliches, älteres Ehepaar, rieten von einer

auf der 1148

auf der 1148

Abendstimmung

nächtlichen Weiterfahrt ab und boten mir zum Schlafen eine Bastmatte in ihrer Hütte an. So leerte ich denn mit dem Mann noch eine Flasche Mehkongwhisky, lobte, was von Herzen kam, das Königreich Siam und sank gegen elf Uhr auf die gastfreundlich zugestandene Matte. Dankbar nahm ich noch wahr, daß die Frau mir zwei Decken gegen die Kälte brachte.

Um vier Uhr dreißig weckte mich der monotone Schlag einer Tempelglocke, kam in immer kürzer werdenden Intervallen und steigerte sich schließlich zu einem rasanten Stakkato. Ich blieb wach und harrte dem ersten Morgenlicht entgegen. Mit den ersten Streifen des neuen Tages standen die beiden Thais auf und lächelten mir freundlich zu. Die Frau kochte Wasser für Kaffee und Nudelsuppen. Dann stellte sie an den Rand der Straße einen kleinen Holztisch. Darauf plazierte sie eine große silberfarbene Schüssel mit noch warmem Reis, füllte Suppe in kleine Plastiktüten, verschloß sie geschickt mit einem Gummiband, reihte sie auf den Tisch und legte dazu noch einen ganzen Bund geschlossener Lotusblumen. Bald würden die Mönche mit ihrer Almosenschale kommen. Für mich war es die Zeit zum Aufbruch, denn ich wollte Nan noch am Abend erreichen. Ich trank eine Tasse Kaffee, dankte den beiden Thais für ihre Gastfreundschaft, wollte alles bezahlen, aber da lehnten sie lächelnd ab und baten mich, unbedingt doch wiederzukommen. Als ich die Maschine startete, da war der Tag schon hell. Keine Wolke zeigte sich am Himmel. Die 1148 würde mich mit der Lichtfülle des thailändischen Nordostens erwarten.

Ich liebte diese Stunde des frühen Tages! Wenn die Mönche in ihren orangefarbenen Roben die Straße entlangzogen. Diese alltägliche Präsenz eines anderen Lebensstiles, der nicht nach Gold- und Dollarkursen fragte, der die Jagd nach Reichtum gelassen belächelte. Es war die Kunst des Lebens, die man in Thailand gezeigt bekam, und schon lange war mir das mit westlichem Hochmut erfundene Gerede von der sogenannten 'Dritten Welt' und vom 'Entwicklungsland' verdächtig. Der Mercedes konnte nicht das Maß aller Dinge sein!

Kurz hinter Thoeng kaufte ich mir an einem Straßenstand einen Malikranz, wie die Thais ihn sich als Glücksbringer in ihre Autos hängen, legte das Gebinde aus weißem Jasmin und Champakblüten um den Lenker und suchte die 1148.

Tatsächlich, was keine Selbstverständlichkeit war, tauchte auch bald an einer Kreuzung ein Schild auf mit der Straßennummer und den thailändischen

Buchstaben für 'Nan'. Die 1148 machte einen freundlichen, ja geradezu sanften Eindruck. Der Asphalt war gut, Schlaglöcher selten. Auf den ersten Kilometern, als es noch nicht ins Gebirge ging, gab es kleinere Dörfer, vereinzelt stehende Bambushütten und links und rechts der Straße die abgeernteten Felder, auf denen ausgebleichtes Reisstroh lag.

Die erste rotweiße Straßenbarriere mit dem Postenhäuschen der Border Patrol Police kam. Mit freundlicher Neugierde wurde ich angehalten, hatte den Paß zu zeigen, und man wollte wissen, was ein Farang, ein westlicher Ausländer, hier zu suchen habe. Nach Nan kamen über die 1148 nur wenige Fremde.

Hinter der Barriere wurde die Straße enger, kurvenreicher, schraubte sich mehr und mehr in das beginnende Gebirge hinein. An den ausgefransten Straßenrändern wucherte Schilf, das sich zur Straßenmitte hineinbog. Es wechselte sich ab mit hoch aufschießendem Bambus, der an manchen Stellen über der 1148 einen grün dämmernden Baldachin bildete. Die Strecke war einsam. Stunden begegnete ich niemandem. Die Straße wurde noch enger, die Schlaglöcher nahmen zu an Zahl und Tiefe, bildeten Krater. Die Asphaltdecke war lange schon verwittert, weggewaschen, und jetzt gab es nur noch Sand, Erde und Schotter. Die Schlaglöcher wurden so zahlreich, daß ich

Barriere der Border Control Police

Glücksbringer für das Motorrad

Pistolentragen verboten

ihnen nicht mehr im Slalom ausweichen konnte, sondern mich rasch für das weniger tiefe entscheiden mußte. Manchmal begann das Hinterrad der Yamaha auf dem Sand wegzurutschen. Die Sinne waren zum Zerreißen gespannt, gesammelt, konzentriert. Wie bei einem Kletterer, der in einer Felswand hängt und sich keinen Fehlgriff erlauben darf. Schon ein kleiner Unfall auf dieser einsamen Strecke konnte fatale Folgen haben. Wie zur Belohnung für die auferlegten Strapazen zeigte sich die 1148 an manchen Stellen von einer wilden, unberührten Schönheit. Dann, wenn das Schilf und der Bambus den Blick freigaben auf das bizarre Bergpanorama der Provinz Nan. In der Ferne erhoben sich hohe Gipfelformationen. Davor lagen tiefere Bergketten, die sich ausmachten wie urzeitliche Drachenkämme. In der Nähe eröffneten sich kleinere Täler, in denen, wie verlassen, einzelne, lianenbewachsene Kalksteinfelsen ruhten. Und ab und zu sah man in dem grünen Gewoge leuchtend roten Hibiskus.

Es war schon später Nachmittag, als die Straße etwas breiter wurde. Die ersten Bananenplantagen tauchten auf, und jetzt, nach sieben Stunden, begegnete mir der erste Mensch hinter der rotweißen Straßenbarriere der Border Police. Ein abenteuerlich zusammengeflicktes Motorrad tuckerte mir entgegen, darauf ein sonnenverbrannter Farmer unschätzbaren Alters, einhändig fahrend, ein langgriffiges Buschmesser geschultert, und dann lächelte er mich nickend an, so als käme ich jeden Tag an ihm vorbei.

Die erste Siedlung der Hilltribes. Kinder laufen aufgeregt weg oder aber lachen und winken. Die Siedlungen zeigen sich jetzt häufiger. Die 1148 in ihrer Wildheit ist zu Ende. Die Sonne geht unter. Die Abenddämmerung beginnt. Und vor dem glühenden Himmel, der sich gelb und rot verfärbt, da wird die 1148 noch einmal auf eine betörende Weise schön.

Von einer kleinen Berghöhe aus sehe ich die Lichter Nans, und dann ist die Stadt endlich erreicht. Bei der Einfahrt in den Ort mahnt ein Schild, keine Pistolen zu tragen. Aber es ist alles sehr friedlich.

Draußen sitzen trotz der Abendkühle die Thais über ihren Nudelsuppen, Tom Yams und Som Tams. Aus zahlreichen Garküchen dampft und schmort es. Bunte Lichtergirlanden sind über die Straßen gespannt, denn, wie mir plötzlich einfällt, es ist ja der 31. Dezember. Und so erklären sich auch die Raketen, die jetzt schon in den Himmel zischen. Obwohl es erst acht Uhr ist. So sind die Thais. Sylvester ist nicht nur ein

Punkt zwischen zwei Jahren, sondern hat eine beträchtliche Zeitspanne davor und danach. Sie lieben das Knallen, Krachen, das Zischen und Böllern des Feuerwerks. Neujahr feiern sie gleich dreimal. Das westliche zu Beginn des Januars, das chinesische im Februar und das eigene im April.

Am Abend lausche ich im Coffeeshop des Dhevaraj bei einem kühlen Singhabier den Sängerinnen in ihren glitzernden Kostümen. Auch sie betörend wie die 1148. Sie singen mir das alte Jahr aus der Seele, und eine unlösbar ineinander geflochtene Gedankenkette über Tod und Erotik, Schönheit und Gefahr und die Lust am Leben irrlichtert durch mich hindurch. Draußen steigen Raketen in den Himmel und zersprühen unter den Sternen.

Vom Kwai zum Dreipagodenpass

Das Leben an Thailands Flüssen hatte es mir angetan. Die Mekongstrecke fuhr ich mehrmals, in Bangkok wohnte ich am Chao Phraya, und wann immer mein Job mir Zeit ließ, verbrachte ich die Wochenenden außerhalb Bangkoks in Kanchanaburi am Kwai. Wie unterschiedlich waren diese Aufenthaltsorte! Kong Chiam am 'Fluß der Zwei Farben' (Delta von Moon und Mekong) war von archaischer Ruhe geprägt, der Chao Phraya in Bangkok betäubend, quirlig, der Kwai sozusagen die Synthese der beiden, aber eigentlich doch ganz anders. Am Mekong, und zwar an jenem Punkt des Zweifarbenspiels, glitten die Boote ruhig dahin. Auf dem Chao Phraya schossen die Longtails Tag und Nacht mit ohrenbetäubendem Lärm durch das Wasser, hatten Gischt hinter den Rotoren, und der Zug der Lastkähne signalisierte, daß in der Welt Umsatz gemacht werden mußte. Der Kwai dagegen war durch und durch romantisch. Tanzflöße, von einem Motorboot gezogen, fuhren abends flußaufwärts Richtung Burma. Die Bambusdächer waren mit Lampions geschmückt. Darunter tanzten, sangen, lachten die Thais.

am Kwai

am Kwai

Brücke am Kwai

Ayutthaya

Begegnung unterwegs

Stausee bei Sanghklaburi

In Kanchanaburi oder Kanburi, wie die Thais kürzer sagen, spannt sich eine berühmte Brücke über den Fluß: ‚Die Brücke am Kwai'. Gedreht wurde der gleichnamige Film in den fünfziger Jahren allerdings auf Ceylon, wo man acht Monate lang die Brücke nachbaute. Das Hollywood-Produkt hat indes wenig mit der historischen Wirklichkeit zu tun, da eher schon der Roman von Pierre Boulle, ‚Die Brücke am Kwai'.

Die Geschichte dieser Brücke sei kurz skizziert. Im zweiten Weltkrieg, während der Besetzung Thailands durch die Japaner, beginnt der Bau. Die Japaner wollen eine Eisenbahnlinie, eine Verbindung Thailand-Burma. Die Strecke von Kanchanaburi bis in die Nähe des Dreipagodenpasses an der Grenze der beiden Länder ist der schwierigste Abschnitt. Die Schlucht des Kwais und der dichte Dschungel lassen das Vorhaben nahezu unmöglich erscheinen. Die Japaner treiben Kriegsgefangene aus Amerika, Australien, Holland, England zur Arbeit und darüber hinaus ein riesiges Heer Zwangsarbeiter aus Thailand, Burma, Malaysia und Indonesien. 1942 beginnt der Bau der berüchtigten ‚Death Railway', der Todesstrecke. Etwa 120 000 Kriegsgefangene und Zwangsarbeiter sterben an Folter und Strapazen. Die Brücke über den Kwai wird 1945 von den Alliierten zerbombt, später von den Thais neu gebaut. Züge fahren wieder darüber, ab und zu ist der berühmte Orient Expreß dabei, jener nostalgische Luxuszug, der von Singapur kommt. Und einmal im Jahr gibt es an der Brücke ein besonderes Spektakel. Zur Erinnerung an die Kriegsereignisse fliegt eine MIG einen Scheinangriff. Maschinengewehrgeknatter ist aus Lautsprechern zu hören, Feuerwerk steigt auf. Japanische Touristen, sauber und adrett gekleidet und kamerabehangen, schreien auf, ducken sich, lugen nach der ersten Schrecksekunde vorsichtig zum Himmel und klatschen dann Beifall.

Aber es gibt auch andere Erinnerungen. Endlos die Reihen schwarz glänzender Grabsteine auf dem Kriegsfriedhof von Kanchanaburi. Auf jedem Stein ein eingraviertes Kreuz, ein Name, eine Nummer, das Alter, der Sterbetag, die Tätigkeit im Kriege, ein abschließender Spruch: '1558331, P.C. Gould, Gunner, Royal Artillery, 30th October 1943, Age 23. In loving memory. Sadly missed by your father, your mother, and your sister Elizabeth'.

Und neben dem Tempel von Wat Chaichumphon steht ein Bambusschuppen, in dem man die Bilder sehen kann, die die Gefangenen gemalt haben. Es sind düstere, schonungslose Gemälde und Zeichnungen. Ausgemergelte Gestalten sitzen im Wasser des

Kwai und lassen sich von Fischen die eiternden Schwären ausputzen. In dämmrigen Lazarettbaracken liegen Sterbende, deren Haut nicht mehr vorhanden zu sein scheint. Es sind Bilder des Todes, der Folter, der Hoffnungslosigkeit. Man geht an ihnen vorbei wie an einer höllischen Galerie, wie an einem Pandämonium böser Geister. Und dann, tritt man aus dem dämmrigen Schuppen wieder heraus in den Tag und an das Wasser des Kwais, so finden sich plötzlich alle Schrecken besänftigt. Es ist eine friedliche Stimmung. Mir kommt keine andere Erklärung, als daß dies die Tat der Mönche ist, die die Gedenkstätte aufgebaut haben und sich um sie kümmern. Mag sein, daß die Dankbarkeit der Toten für das Nichtvergessenwerden, hier auf seltsame Weise im Wasser fließt und im Wind schwingt.

Kanchanaburis Abende sind zauberhaft. Man sitzt in einer der zahlreichen Restaurantsalas am Fluß und ist umgeben von Lampions und Musik. Ein Tanzfloß nach dem anderen zieht hinaus. Ich habe eine einfache Bambushütte am Fluß gemietet. Die Terrasse ist in das Wasser gebaut. Ist ein Floß flußaufwärts verschwunden, weht immer noch Musik herüber. Danach ist Stille. Es gibt nur noch den Wind, das leise Schlagen des Wassers ans Ufer, den Ruf des Tockeys und tausend tropische Stimmen, die wie eine ewige Sinfonie die Dunkelheit durchziehen.

Gelegentlich hört man das Platschen eines springenden Fisches. Irre ist die Zeit vor Sonnenuntergang. Das Brausen der Zikaden hebt urplötzlich an und bricht mit dem letzten dämmrigen Schein des Lichtes genauso plötzlich wieder ab. Im Fluß ist dann das Gold des Abends erloschen. Die Berge nach Burma hin stehen wie dunkle Silhouetten. Der Himmel glüht aus, und sieht man die Umrisse der Berge nicht mehr, dann ist endgültig die Nacht hereingebrochen.

Etwa 200 Kilometer westlich von Kanchanaburi, an der Grenze zu Burma, liegt der ebenso legendäre wie berüchtigte Dreipagodenpaß. Das Gebiet gilt als Schmuggelzone, Schwarzmarkt und auch Kampfregion zwischen burmesischem Militär und den ins thailändische Grenzgebiet geflohenen Mon und Karen. Beide Volksgruppen bekämpften das Militärregime in Rangoon, aber immer wieder flackerten auch Kämpfe untereinander auf, wenn es um die Behauptung lukrativer Schutzzölle ging. Und dazwischen gab es friedliche Zeiten. Ob der Zugang zum Dreipagodenpaß für einen Farang überhaupt möglich war, würde sich an der achtzehn Kilometer vor dem Paß liegenden Barriere der BPP, der thailändischen Border Patrol Police entscheiden.

An einem heißem Morgen im Februar verlasse ich Bangkok in nördliche Richtung, nehme den Umweg über die alte Königsstadt Ayutthaya, um mich nicht durch Bangkoks stickige, lärmende, immerzu verstopfte Straßen wühlen zu müssen.

Von Ayutthaya aus geht es dann südwestlich nach Kanchanaburi, und von hier sind es noch gut zweihundert Kilometer zum Dreipagodenpaß. Ich erreiche die Stadt am Kwai schon am frühen Mittag. Es ist heiß. Die Luft flimmert und glüht. An Baumwollfeldern und ausgetrockneten Zuckerrohrplantagen mit zerplatztem Boden geht es zunächst zum berüchtigten Hellfirepaß, wo japanische Arbeitslager waren. Dort, wo zwischen Felsen und Bambusdickicht die Hitze brütet, stehen wie abwesend ein paar Gedenktafeln. Gelassen faltet sich der Dschungel darüber.

Die Strecke nach Sanghklaburi, das in der Nähe des Dreipagodenpasses liegt, wird immer einsamer. Bambus rankt sich über die schmale Straße, bildet an manchen Stellen einen Baldachin. Ab und zu schlängelt sich eine Kobra über den Asphalt. Kein Auto kommt entgegen, kein Motorrad, nichts. Nur einmal begegnet mir ein Karen, der seinen Sohn auf den Rücken gebunden hat und mit ihm die Straße entlangwandert. Ich biete ihm eine Zigarette an. Wir rauchen, versuchen eine

Unterhaltung, aber Verständigung ist unmöglich. Weder auf Thai noch auf Englisch.

Es ist später Nachmittag geworden. Es scheint mir ratsam, den Besuch der Drei Pagoden auf den nächsten Vormittag zu verschieben und die Nacht in Sangkhlaburi zu verbringen. Auf der Strecke dorthin taucht am Rand der Straße der Arm eines künstlich angelegten Stausees auf. Schwarze, nackte Baumstümpfe ragen heraus und vermitteln das Gefühl, durch eine verwunschene Landschaft zu fahren. Der Paß selbst führt durch ein Kalksteingebirge und fordert mit seinen enggezogenen Kehren die vollste Aufmerksamkeit. Wie stand es doch so schön in meinem englischen Reiseführer? 'Be warned, it's tough to get help if you need it and easy to attract the attention of would-be bandits.'

In der Abenddämmerung erreiche ich den Ort. Es ist ein einfaches, ein paar Straßen entlanggestrecktes Holzdorf. Elektrische Lichter brennen in den Häusern, aber auch Petroleumlampen. Die Menschen sitzen draußen und winken mir zu. Immer wieder gibt es kleine Marktstände mit burmesischem Kunsthandwerk entlang der Straße. Am Ende des Dorfes finde ich ein Guesthouse, ein recht komfortables sogar, mit einer Restaurantsala und einzelnen Bambushütten. Der Blick geht

zum Dreipagodenpass

Die drei Pagoden

Grenzübergang nach Burma

von hier aus auf den Stausee. Zwischen den Baumstümpfen liegen schwimmende Hütten. In der Sala genehmige ich mir ein eiskaltes Singhabier, verkrieche mich danach unter das Moskitonetz. Nicht weit von hier würden jetzt schweigsame nächtliche Karawanen ziehen und burmesisches Opium über den Dreipagodenpaß schaffen.

Am Morgen breche ich früh auf, trinke noch in der Morgendämmerung an einem Straßenstand Kaffee, löffel eine Nudelsuppe. Es sind noch etwa dreißig Kilometer bis zum Dreipagodenpaß. An der Straße liegen vereinzelt kleine Dörfer der Mon und Karen. Die Strecke wird zur Staubpiste. Als ich das Postenhäuschen der Border Police erreiche, ist kein Mensch zu sehen. Die rotweiße Schranke ist nach oben gezogen. Anscheinend herrschen wieder friedliche Zeiten. Auf den letzten achtzehn Kilometern begegne ich niemandem. Nur einmal überhole ich ein kleines Motorrad. Hinten auf dem Sozius sitzt eine Frau mit einem silberfarbenem Pagodentopf für Essen. Der Mann vor ihr versteckt sein Gesicht unter einem Helm mit heruntergezogenem Visier. Ich selbst fahre wie immer und wie die meisten Thais zu dieser Zeit noch ohne Helm.

Die Landschaft ist lichtdurchflutet, einsam, verwunschen still. Bald tauchen aus dem hellen Staubdunst die drei Pagoden auf. Sie sind aus weißem Kalkstein geschichtet, überraschend klein, wirken eher wie Markierungspunkte. Der Reiseführer spricht über diesen Ort von einer ‚semi-forbidden atmosphere'. Nahe bei den Pagoden finde ich einen Übergang nach Burma, auf einem Schild eine Einladung nach Payathonzu, einem burmesischen Grenzdorf. Aber man darf dort nur eine kurze Strecke fahren, die gerade mal bis zum Ende des Ortes führt.

Dahinter erst liegt das verlockende Burma. Außer Holzhütten, in denen sich zur Straßenfront hin unverfängliche Waren zeigen und außer ein paar mich beobachtenden burmesischen Soldaten ist nicht viel zu sehen. Die Kamera lasse ich lieber in der Motorradbox. Die Fahrt in das wahre Burma ist erst später in Mae Sai möglich, dem nördlichsten Punkt Thailands. Dorthin wird mich eine Straße entlang der burmesischen Grenze führen, just into the Magic North of Thailand.

Literarische Robinsonade

Nicht immer war Bangkok Wohn- und Aufenthaltsort. Eine längere seßhafte Periode von drei Monaten ist mit der schönen Insel Phuket im Süden Thailands verbunden. Hier landete ich eines Tages mit dem Motorrad, fand die Bucht von Surin sehr einladend, und wie es das Schicksal wollte, wurde mir hier ein geräumiger Bambusschuppen, direkt am Strand gelegen, angeboten. Zwei ‚Zimmer' für nur zwei Mark am Tag. Es gab kein Wasser und keine Elektrizität. Aber das machte nichts. Neben dem Schuppen stand eine Tonne, die mir der Vermieter, ein Kokosnußfarmer, einmal die Woche für dreißig Baht (zwei Mark) mit Wasser füllte. Für die Elektrizität war eine Motorradbatterie zuständig, ansonsten behalf ich mir mit Petroleumlampen. Ein WC war vorhanden, genauer gesagt, es lehnte sich an die Hütte ein Bambusverschlag mit einem tiefen Loch.

Zum Kochen hatte ich einen kleinen Grillofen aus Ton, der mit Holzkohle befeuert wurde. Den Kühlschrank gab es in Gestalt einer Styroporbox, die am Nachmittag mit Eis gefüllt wurde, das ich bei einem vorbeifahrenden Händler für ein paar Baht täglich kaufte.

Bambushütte am Surinbeach

Schreibstübchen

die Außenterrasse

So kam ich abends in den Genuß von kaltem Singhabier. Mein Wohnzimmer in Form zweier selbstgebauter Holzbänke und eines Holztisches befand sich draußen im Sand. Ein bunter Schirm spendete Schatten. Die ersten Tage, Abende und Nächte am Strand von Surin waren durchaus angenehm, hatten sogar eine gewisse abenteuerliche Romantik. Indes war es nicht das Paradies. Es stellte sich nämlich Langeweile ein. Und so kam ich auf die Idee, in dem Bambusschuppen eine Leihbibliothek zu eröffnen. Surin Library. Touristen kamen ja ab und zu vorbei, die meisten mit Jeeps oder Motorrädern aus Patong. Einige wohnten auch in der Nähe von Surin.

Mit dem Motorrad begab ich mich auf die Jagd nach Büchern, umrundete die Insel Phuket mehrmals, kaufte, was immer die Farangs an Lesbarem zurückgelassen hatten. Das hatten die Thais gesammelt, boten es nun an in Souvenir- und sogar Obst- und Gemüseläden. Da gab es oft eine separate Ecke, wo sich die Bücher stapelten. Verkauft, was verständlich ist, wurde nicht nach literarischem Wert, sondern nach Gewicht. Fünf Bände klassischer Weltliteratur kosteten genauso viel wie ein wuchtiger Sammelband Jerry Cotton. Für eine geringe Summe hatte ich

die Leihbibliothek

mein Leseplatz

die Küche

bald über hundert Bücher beisammen, und da waren verdammt gute Stücke darunter. ‚Der Tod im Reisfeld' von Scholl-Latour, ‚Die Liebe in den Zeiten der Cholera', ‚Homo Faber', ‚Narziß und Goldmund', ‚Siddharta', ‚Haben oder Sein' und vieles mehr. Natürlich war ich selbst mein bester Kunde, lag hinter der Hütte in einer Hängematte und las.

Im Tagesdurchschnitt verlieh ich ein Buch, kassierte dafür dreißig Baht und hatte so immerhin die Miete wieder eingespielt. Und kein Buch ging verloren. Sie kamen alle nach ein paar Tagen wieder zurück.

Mit meiner Tätigkeit war ich in eine gewisse Grauzone geraten. Man hätte das Verleihen auch als Arbeit auslegen können, und eine Lizenz hatte ich nicht. Aber der Polizist, der ab und zu am Strand von Surin vorbeikam, drückte beide Augen zu, trank mit mir auf der Bank vor der Hütte ein Bier und ließ mich in Ruhe. Was ich freilich nicht wußte und was mir auch niemand gesagt hatte, war, daß sich hier alljährlich ein beeindruckendes Schauspiel ereignet. Dann rückt im Morgengrauen eine Polizeitruppe an, verhaftet alles, was nicht laufen kann, und läßt es am nächsten Tag wieder frei. Surin ist nämlich Naturschutzgebiet, und eigentlich sind Hütten und Restaurantsalas verboten. Entlang dem Strand von Surin gibt es aber eine ganze Reihe davon. Meist nur aus Bambus und romantisch und gemütlich. Wahrscheinlich will man mit dieser jährlichen Aktion verhindern, daß jemand auf die Idee kommt, wuchtigen Beton hochzuziehen. Es war ein behördlicher Warnschuß, ein Spiel, von dem ich allerdings nichts wußte. Kun Mo, mein Vermieter, hatte mir davon nichts erzählt, und ich hatte auch nicht die geringste Veranlassung, irgendetwas zu argwöhnen.

Kun Mo mit Charlie

Ab und zu nahm er mich sogar mit auf seine nahegelegene Plantage. Ich sah dann zu, wie Charlie, der die Affenschule in Suratthani absolviert hatte, am Seil eine Palme hochkletterte, oben flink an den Nüssen drehte, so daß in kurzer Zeit eine nach der anderen herunterklatschte. Ein paar Kokosnüsse durfte ich mir immer mitnehmen, und es gab nichts Köstlicheres, als so eine frische Nuß auf Eis zu legen, abzukühlen und dann in der Mittagshitze den Saft zu trinken.

Die Jagd auf die Bücher machte Spaß. Es war wie ein Sammlerfieber. Ich durchwühlte an den verschiedensten Orten Phukets Souvenir- und Kramläden, war stolz, wenn ich für einen Pfennigbetrag wieder ein Buch erbeutet hatte. Ich legte mir sogar, kühner geworden, eine englische, eine französische und eine italienische Abteilung zu. Der Schuppen am Meer war geräumig genug. Und jetzt gingen im Tagesdurchschnitt auch zwei Bücher über die Theke. Einmal umwanderten die Surin Library drei muslimische Mädchen, lachten, kicherten, und dann gewann schließlich die Neugierde die Oberhand.

Sie durchstöberten die englische Abteilung, fanden aber nicht, was sie suchten und schrieben mir ihren Buchwunsch auf einen Zettel. Drei Tage später hatte ich in einem

Restaurant in Phukets Ao Chalong ‚The Catcher in the Rye' aufgetrieben.

Eigentlich, so sollte man meinen, hatte ich doch das Paradies gefunden. Wenn ich morgens aufwachte, schien garantiert die Sonne. Das Meer strahlte blau und rauschte. Ich raspelte Bambus, entzündete in dem kleinen Ofen die Späne, so daß bald auch die Kohle glühte und das Wasser im Kessel zum Sieden brachte. Es gab Kaffee mit Blick auf die Andamanische See, anschließend dort das morgendliche Bad in kristallklarem, temperiertem Wasser. War das vorbei, schaukelte ich in der Matte und las. So vergingen die Tage. Ein Leben lang so weiter? Neee, das war's nicht. Man mag davon träumen, wenn man Streß und Hektik hat. Ansonsten aber ist eine Robinsonade ziemlich langweilig. Da hilft auch kein Lesen. Und so war ich eines Tages froh, als ich in meinem Paß sah, daß das Visum bald ablaufen würde. Ich mußte nach Penang, Malaysia. Und das war mein Glück.

Denn nur einen Tag, nachdem ich die Hütte verschlossen hatte und abgefahren war, ereignete sich jenes Schauspiel von Surin. In der Tagesfrühe, wie man mir später erzählte, rückte ein Polizeitrupp an und verhaftete, was sich fand. Zu diesem Zeitpunkt war ich schon im südlichen Had Yai gelandet und froh, endlich wieder den Trubel einer Großstadt zu erleben. Als ich eine Woche später wieder nach Surin kam, ging dort alles seinen gewohnten Gang wie zuvor. Ich lagerte jedoch die Bücher aus, verabschiedete mich von Kun Mo und von Charlie, verschenkte die bescheidenen Besitztümer, die ich in der Hütte gesammelt hatte und fuhr von Phuket aus nach Norden. Die Insel in der Andamanischen See sah ich erst nach einem Jahr wieder.

Von Singapur ins Goldene Dreieck

Singapur, Ende Februar 1992. Eine Motorradwerkstatt in der Jalan Besar. „Alles durchchecken!" bitte ich den Chinesen. „Carborator, Ventile, Zündkerzen. Ich will ins Goldene Dreieck."

Dreitausend Kilometer liegen vor mir. Singapur, Malaysia, Thailand. Südostasiens längste zur Zeit befahrbare Landstrecke. Der Weg durch Burma, Laos, Kambodscha und von Laos oder Kambodscha nach Vietnam ist für die Maschine noch versperrt. Wegen des Ho Chi Minh-Pfades, auf dem immer noch zahlreiche Minen versteckt sind. Für eine Tour vom Goldenen Dreieck weiter nach Saigon verweigert man mir die Erlaubnis.

Nach ein paar Tagen pfeift und surrt der Motor wieder wie früher. Die Maschine hatte ich in Thailand gekauft. Second hand, für 55 000 Baht, nach dem damaligen Stand etwa 3000 DM. Über 30 000 Kilometer habe ich jetzt in Asien damit schon zurückgelegt. Die Maschine ist eine ‚Yamaha Special', bordeauxrot, vier Zylinder, 650 Kubik. Viel, wenig, genug für Südostasiens Straßen, Spitzengeschwindigkeit 150 Kilometer pro Stunde, die man ohne zu große Lebensgefahr jedoch nur auf der malaiischen Autobahn fahren kann. An den beiden Tankseiten ist ein goldfarbener Flugdrache angebracht. Deshalb nenne ich die Maschine ‚The Golden Dragon'. Es ist eine Tourenmaschine, der Motor problemlos, unverwüstlich selbst in den Tropen, solange einem in einer ‚finsteren' Werkstatt nicht gute Teile gegen nahezu defekte ausgewechselt werden. Ersatzteile großer Motorräder sind sehr begehrt.

Hinter dem Rücksitz des Motorrads ist eine Box aufmontiert. Viel Gepäck habe ich nicht. Ein paar Teile für das Motorrad: Kupplungszug, Zündkerzen, das nötigste Werkzeug, eine Dose mit Sonax-Spray, ein Kontaktmittel, das verhindert, dass im Monsunregen die Nässe in die Kerzen kriecht. Weiter: eine Regenjacke, ein paar Kleidungsstücke. Die Temperaturen sind tropisch, auch in Nordthailand jetzt. Viel braucht man nicht. Keine Ledermontur, keine Stiefel, keine Pullover, Nierenwärmer usw. Die ganze astronautische Verkleidung, die in Deutschland verlangt ist, entfällt. Man könnte meinen, ich machte gerade einen Strandausflug von Singapur aus auf das vorgelagerte Sentosa. Ein Helm allerdings ist in Singapur und Malaysia Vorschrift. Später in Thailand darf man 1992 noch ohne fahren und auf eigenes Risiko ein freies Fahrgefühl genießen. Aber nur ein Jahr später hat auch Thailand die Helmpflicht. Für Malaysia und Singapur habe ich, von Thailand kommend, an der malaiischen Grenze eine Unfallversicherung abge-schlossen. 80 Malaidollar, 60 DM für einen Monat. Für Thailand habe ich keine Versicherung. Die Agenturen, die ich dort aufgesucht hatte, lehnten Motorradfahrer ab. Das sagt schon einiges aus über das Motorradfahren dort. Der Reiz der thailändischen Straßen entspricht ihrer Gefahr.

Meine medizinische Vorsorge beruht auf meiner persönlichen Entscheidung und ist nicht als Ratgeber gedacht. Sie besteht nämlich in nichts. Keine Vorsorge für Malaria, keine Impfung gegen Cholera oder Typhus. Thailands Essensstände sind sehr sauber. Ich habe auch keine Tabletten gegen Kopfschmerzen oder Durchfall, nicht einmal ein Pflaster. Die Reiseapotheke also entfällt. Es gibt genug Apotheken entlang der Strecke. Jedes größere Dorf verfügt über eine Pharmazie.

Singapur ist Ausgangspunkt der Reise, Malaysia das Durchgangsland, Nordthailand ihr Ziel. Ich bin froh, Singapur zu verlassen. Die feuchte tropische Schwüle der Stadt steckt mir schon wie ein Fieber in den Knochen. Singapur ist auch wieder mal ein Stück mehr Geschäftsstadt und ein Distrikt von ‚Law and Order' geworden. Dass die Stadt ‚clean' ist und dass man zum Beispiel für eine weggeworfene Zigarettenkippe 500 Singapurdollar Strafe bezahlt, ist hinlänglich bekannt. Die neueste Singapuriade hat jedoch noch keinen Einlass in die Reiseführer gefunden. Seit letzten Monat ist der Verkauf von

Kaugummi und dessen öffentliches Kauen verboten. Auf der Einfuhr größerer Mengen Chewing Gum stehen 10 000 Singapurdollar Strafe und/oder ein Jahr Gefängnis. Der ursprüngliche Charme, der Reiz von Singapur, mehr und mehr ist er verschwunden im Zuge eines profitorientierten Kahlschlags. Chinesischer Geschäftssinn ersetzt das Gefühl, kühle, spiegelnde Glasbetonfassaden die alten chinesischen, indischen, arabischen Viertel. Bald sind sie ausgestorben wie der Troll in Skandinavien. Noch gibt es sie, diese Viertel. Aber freilich sind es keine Viertel mehr, sondern Hundertstel. ‚Little India' zum Beispiel in der Serangoon Road. Mit abenteuerlichen Läden, Straßenhändlern, Männern in weißen Dhotis, Frauen in bunten Saris und mit dem Duft von Räucherstäbchen, Jasmin und Curry in der Luft. Oder das Arabische Viertel in der Arab- und Baghdad Street mit seinen orientalischen Bazaren. Das alte chinesische Viertel schrumpft mehr und mehr zur Miniatur. Nur noch in einigen wenigen schmalen Seitenstraßen gibt es die Essensstände, den Nachtmarkt, wo noch Schlangen gehäutet werden und der Duft von Durian und Räucherstäbchen über allem liegt. Ansonsten aber ist Singapur Geschäfts- und Einkaufsstadt. Reizvoll für ein paar Tage, wenn man Geld und Nerven hat. Bewahrt sie euch, die letzten Reste der alten Zeit! Sonst gibt es bald nur noch Computer und Neurotik.

Bye-bye Singapur! Auf einer großzügig ausgebauten Autobahn und dann über einen Damm, der den Stadtstaat Singapur mit dem malaiischen Festland verbindet, erreiche ich den Grenzübergang bei Johore Bahu. Schlangen von Motorradfahrern vor den Grenzboxen, aber es geht zügig. Nach zehn Minuten Warten bin ich in Malaysia.

Die Straße von Johore Bahu Richtung Kuala Lumpur ist dicht befahren. Linksverkehr wie auch in Singapur und Thailand. Das Spähen auf die rechts liegende Fahrbahn! Reicht der Abstand zum entgegen kommenden Bus oder Truck noch? Dann die Beschleunigung, das Aufheulen des Motors, das Vorbeiziehen der Maschine, der Wind, der einen aus der Balance reißen will. Hundertmal hinter Johore Bahu, bis dann die Straße einsamer wird und auf ihren schönsten Abschnitten vorbeiführt an sanften Bergrücken, tropischen Wäldern, Palmöl- und Gummibaumplantagen.

Rast an einem Kedai Kopi, einem Kaffeeladen am Rand der Straße. Eine Tasse Kaffee, ein Malaie bietet mir eine Zigarette an. Der Tabak ist verschnitten mit Gewürznelken. Der Rauch benimmt und kratzt im Hals. Auf einem Blech, unter dem eine Gasflamme brennt, bruzzeln Chepatis, Brotfladen aus Wasser, Weizen und Mehl. Sie sehen aus wie kleine Pfannekuchen. Eingetunkt werden sie in eine scharfe Sambal-Chilisauce. Das Leben am Rand der asiatischen Straßen: bunt, quirlig, einfach, freundlich, unkompliziert und preiswert. Es werden immer diese einfachen Buden und Salas sein, wo ich Rast mache.

Bis zum Abend will ich Seremban, achtzig Kilometer vor Kuala Lumpur, erreicht haben. Hier kenne ich das Oriental Hotel, sechzehn malaiische Dollar oder Ringit pro Nacht, zehn DM. Neben dem Oriental reizt der Nachtbazar der Stadt. Dort kann man draußen sitzen und in Ruhe noch ein Bier trinken.

Aber Tagesstrecken mit dem Motorrad lassen sich kaum planen. Es sind fromme Vorhaben, durch die Asien meistens einen Strich macht. Auf einem Autobahnabschnitt, zwanzig Kilometer vor Tangkak, wird der Himmel schwarz. Jetzt wird die malaiische Autobahn zum Abenteuer. Raststätten gibt es fast nicht und die wenigen Parkplätze bieten nichts zum Unterstellen. Von der Autobahn kommt man nicht weg. Leitplanken verhindern das. Und wohin sollte man auch? Die Strecke führt durch gerodeten Dschungel. Der Himmel ist so schwarz, dass ich ahne, was kommt. Ich hole noch nicht einmal die Regenjacke aus der Box. Es ist sinnlos. Ich sprühe nur die Zündkerzenkabel und Stecker mit Sonax ein. Dann schießt das Wasser herunter und die ersten Blitze flackern den Himmel entlang. Es ist drei Uhr nachmittags. Ich muss das Licht anmachen. Bis zur Ausfahrt nach Tangkak schaffe ich es nicht mehr. Nach ein paar Minuten ist die Autobahn überspült.

Das Wasser kann nicht so schnell abfließen, wie es herunter kommt. Die Autos halten am Rand an. Einige fahren im Schritttempo weiter. Es ist kühl geworden. Die Temperatur ist von 35 Grad auf mindestens 15 gefallen. Die Blitze kommen näher, die Donnerschläge in immer kürzeren Abständen. Ich beneide die Menschen in den Autos. Sie sitzen im Trockenen und vor allem im Schutz eines Faradayschen Käfigs. Der Blitz kann ihnen nichts anhaben. Ich kann nur noch Schritttempo fahren. Am besten anhalten, die Maschine abstellen und sich an den Autobahnrand hocken! Da taucht aus dem Grauschwarz ein Viadukt auf, das sich über die Autobahn spannt. Bis dahin schaffe ich es noch. Das Viadukt ist schmal, bietet kaum Schutz. Hier haben sich noch andere Motorradfahrer versammelt. Der Wind peitscht das Wasser durch die Viaduktbögen. Wer Glück hatte und zuerst angekommen war, lehnt jetzt mit dem Rücken an der windgeschützten Seite. Aber auch das lindert den Wassereinsturz nur geringfügig. Die Menschen hocken auf dem Boden. Wegen der Blitze, die um das Viadukt herum schießen. Ich hocke mich dazu. Die Gemeinschaft mildert etwas die Furcht vor dem tobenden Gewitter. Nach einer Stunde kommt nur noch ein fernes Grollen, auch der Regen hat etwas nachgelassen. Aber er bleibt noch heftig genug, und der Himmel sieht aus, als sollte es so eine ganze Woche bleiben. Mit Beginn der Abenddämmerung fahre ich durch Nässe und Kälte bis Tangkak. Das einfache Zimmer im Lok Pin Hotel kam mir vor wie ein Paradies. Es war trocken und ich bekam endlich die nassen Sachen vom Leib.

Am nächsten Tag scheint dann doch wieder die Sonne. Ich will bis Penang. Durch Kuala Lumpur führt die Straße vierspurig hindurch. Links und rechts ziehen sich die Fassaden der Banken und Konzerne hoch. Statt in der malaiischen Metropole könnte man genauso gut auch in Singapur oder in Frankfurt sein.

Nach Penang komme ich an diesem Tag nicht. Hinter Ipoh, der Stadt der Millionäre, reich geworden durch Zinnminen, schießt wieder der Regen herunter. Aber ich erreiche noch Kuala Kangsar, die alte Sultanstadt von Perak. Im Hotel ‚Double Lion' miete ich ein einfaches Zimmer und sehe von der Terrasse aus bei einem Tigerbier dem Regen zu.

Mein Bericht soll sich beschränken auf das Motorradfahren, auf einige Eindrücke und Erlebnisse entlang der Straße nur. Über Tempel und Moscheen kann man in einem Reiseführer nachlesen. Aber trotzdem: Auch sie gehören mit zu den Faszinationen der Strecke. In Kuala Kangsar zum Beispiel die Ubudiah-Moschee; mit ihren schlanken Minaretten und goldenen Kuppeln wohl eine der schönsten Malaysias. Und auch der buddhistische Kek Lok Si-Tempel auf der Insel

Penang ist den Abstecher von Butterworth aus wert. Und dann, von keinem Reiseführer erwähnt: Doi Bhussarakam, The Hill of the Topaz, in den Bergen Nordthailands. Von diesem Tempelgrund, der sichtbar noch unter hinduistischem Einfluss steht, werde ich später noch erzählen.

An Penang, am Kek Lok Si -Tempel und an dem quirligen, chinesisch-orientalisch geprägten Georgetown, wo Buddhisten, Christen, Hindus und Moslems einträchtig zusammen leben, fahre ich dieses Mal vorbei. Von Kuala Kangsar aus erreiche ich am Nachmittag Sadao, den Grenzübergang nach Thailand. Die letzten hundert Kilometer führten auf einer kaum befahrenen Autobahn durch meist flaches Land an Reisfeldern vorbei.

Was das Motorrad betrifft: Die Grenzformalitäten sind einfach. Die Maschine ist in Thailand gekauft, trägt das Kennzeichen von Phuket. Man darf nur nicht vergessen, sich bei der Ausreise aus Thailand ein Zollpapier ausstellen zu lassen, das man dann bei der Einreise wieder vorlegt.

Hinter Sadao, endlich, wird der Helm mit einem Gumminetz auf dem Rücksitz festgezurrt. Später lasse ich ihn in Had Yai, wo ich übernachte, zurück.

Buddha, Sukothai

Sukothai

Sukothai

Singapur Startpunkt, Malaysia zur Durchfahrt, jetzt erst in Thailand beginnt das eigentliche Motorradgefühl. Die Sonne brennt wieder auf der Haut, der Wind singt in den Ohren, und die Straßen, die jetzt zu fahren sind, scheinen, sich mehr und mehr verjüngend, in die Unendlichkeit des Horizonts hinein zu laufen.

Motorradfahren in Thailand! Ein Engländer mit seinem unterkühlten Charme würde sagen: „It might be dangerous!" Es könnte gefährlich sein. Fünfmal am Tag, mindestens, wird man von entgegen kommenden, überholenden Trucks oder Bussen auf den seitlichen Schotter- oder Sandstreifen geschickt. Falls es ihn gibt. Sonst hilft nur noch die Bekanntschaft mit einem Reisfeld. Die Jagd auf Motorräder scheint so wie Snooker ein thailändischer Nationalsport zu sein. Unberechenbar sind auch die Hunde, die die Straße überqueren, als handele es sich um eine Wiese. Ein Hund, bei hohem Tempo ins Vorderrad gelaufen, dann ist die Reise zu Ende. Auch Schlaglöcher tauchen unvermutet auf, Querrillen und Krater.

In Städten und größeren Dörfern ist der Verkehr so quirlig und unorthodox, dass das Fahren ohne Helm die Unfallgefahr senkt. Denn die Sinne müssen ganz frei und unbehindert sein. Der Blick in den Rückspiegel alleine reicht nicht mehr. Auch der Gehörsinn muss unbeeinträchtigt sein. Ein Helm hindert nur. Immer, auf Thailands Straßen, müssen die Sinne geschärft sein. Jede träumerische Sekunde kann die letzte sein. Jede wache allerdings auch. Es tauchen Situationen auf, die sich die kühnste Phantasie nicht hätte erträumen können. Ein paar Beispiele nur. In einer Kurve auf Phuket kommt mir ein Schrank entgegen. Er war von einem vorausfahrenden Lieferwagen gefallen. In der Nähe von Nakon Pathom verliert ein vor mir fahrender Truck den Schotterhaufen, den er geladen hatte. Gerade noch war die Straße flach und gut befahrbar. Jetzt aber schlingere ich durch einen Schotterhaufen. Es geht gerade noch ohne Sturz ab. Bei Had Yai überquert ein alter Farmer vor mir die Straße. Ich fahre hundert. Eigentlich hat der Mann Zeit genug, und er wird es schaffen. Da sehe ich, dass er eine Bambusstange über der Schulter trägt, die quer über die ganze Straße reicht. Einen Meter vor der Stange komme ich zum Stehen. Das verwunderte Gesicht des Farmers! Warum hat der Farang es nur so eilig? In der Nähe von Trang vor mir ein Motorrad, zwei Körbe an der Seite. Einer der Körbe löst sich, rollt über die Straße. Fische, noch lebende, waren darin. Jetzt zappeln und springen sie über den Asphalt. Ich rutsche über die Fische, kann die Maschine gerade noch abfangen. Einmal fegt plötzlich aus einem Gebüsch ein Schwein über die Straße und wischt knapp am Vorderrad vorbei. Tag für Tag passiert das Unvorhersehbare.

Möglich, dass in den Tropen der westliche Verstand im Laufe der Zeit aus der Balance gerät. Die Sinne unterliegen einem Dauerbeschuss mit Farben, Formen, überraschenden Ereignissen. Das Licht des Tages ist meistens brutal, schmerzhaft in den Augen gleißend, der Wind reißt einem durchs Gesicht. In der einen Sekunde nehmen die Augen die Schönheit einer Hibiskusblüte oder eines lächelnden Mädchengesichts wahr, in der nächsten dann flach gefahrenes Fleisch auf der Straße, ein Hund, eine Katze, eine Schlange, ein Vogel. Kilometerweise der sichtbare Tod. Täglich auch ausgelöschtes Menschenleben. Zerfetzte Autowracks am Straßenrand. Dann in der nächsten Minute wieder ein rotgold in der Sonne leuchtendes Tempeldach, eine Buddhastatue am Weg, lächelnd.

Die Tagestemperaturen liegen bei 35 Grad im Schatten. Die Luft ist trocken, meist diesig. Staub wirbelt auf, wenn Busse und Trucks die Straßenränder entlangfegen. Manche liefern sich dabei Wettrennen.

Eine Prüfung für Mensch und Motorrad: die Strecke von Krabi nach Phang Nga. Sechzig Kilometer lang haben sie die Straße aufgerissen und zur Baustelle und Staubpiste gemacht. Dichte, feine, lehmgelbe Schleier wirbeln auf und benehmen Sicht und Atem. Hier drehen die Busse auf, statt langsamer zu

Panorama bei Phang Nga

werden. Sie preschen die Baustellen entlang und verschwinden hinter einer Wolke wie Tintenfische auf der Flucht. Hinter der Piste, kurz vor Phang Nga, sehe ich aus, als habe man einen Sack Currypuder über mich gestülpt.

Bei Phang Nga führt die Straße an Mangrovesümpfen und bizarren, verwunschen aussehenden Kalkfelsen vorbei. Hinter Phang Nga geht es dann durch Gummibaumplantagen. Mangrovesümpfe tauchen wieder auf, kurz danach die Sarasin-Brücke zur Insel Phuket. Hier lasse ich Vergaser und Filter reinigen und auch die Schalter für Licht, Blinker und Startervorrichtung, in die der Staub eingedrungen ist.

Von Phuket aus dann die längste Tagestour. In der Morgendämmerung Aufbruch in das 600 Kilometer entfernte Hua Hin am Golf von Siam. Mönche in orangefarbener Robe ziehen die Straße entlang. Ein paar Stunden später ist der Tag heiß und sonnendurchflutet. Zum Schutz gegen die versengenden Strahlen habe ich ein Tuch um die Stirn gebunden, Gesicht und besonders den Nasenrücken mit Sonnenschutzmilch, Faktor dreißig, eingestrichen. Es hilft nicht. Alle drei Tage zerspringt und zerreißt die Haut.

In Thai Muang dann ein unverzeihlicher Fehler. Mitten in der Stadt steht plötzlich der Verkehr still. Warum nur? Ich überhole ein vor mir stehen gebliebenes Tuk-Tuk. Der Fahrer schreit mir zu: „Stop!" Thai Muang sieht aus wie das versteinerte Pompeji. Auch die Menschen stehen still. Da erst höre ich sie, die Nationalhymne. Es ist genau acht Uhr. Aus Lautsprechern wird sie eingespielt. Ich stoppe die Maschine. Einem Polizisten gegenüber mache ich einen um Verzeihung bittenden Wai. „Koh toht!" Entschuldigung.

Bei Khao Lak geht es an einem Streifen Küste vorbei. Blaugrün taucht zwischen Palmen und Felsen die Andamanische See auf. Hinter Takua Pa dann nördlich in die Berge hinein nach Ranong an der Grenze zu Burma. Die Straße ist kaum befahren. Höchstgeschwindigkeit aber gerade mal achtzig. Der Asphalt ist an vielen Stellen von der Regenzeit her aufgerissen. Kurz vor Ranong die ‚Green Hills', Hügel, die an die ‚Chocolate Hills' der philippinischen Insel Bohol erinnern. Hügel mit einem Kuppeldach wie von Moscheen. Grün allerdings sind sie nicht mehr. Wie das gesamte Land ist ihre Oberfläche ausgedorrt und vertrocknet. Lehm- und Staubfarben herrschen vor. Immer wieder schwarz gebrannte Areale links und rechts der Straße. Hinter Ranong führt die Strecke über ein Gebirge dicht an der burmesischen Grenze vorbei. Dann taucht der Isthmus von Kra auf, ein Meeresarm, an seiner engsten Stelle nur siebzig Meter breit. Von hier aus der Blick auf den Dschungel des gegenüber liegenden Burma. Die Straße entfernt sich wieder von der burmesischen Grenze und führt weiter nach Chumphon. Hier besonders, wie auch auf vielen anderen Strecken, ist es ratsam, nicht nachts zu fahren.

Die Strecke Chumphon – Hua Hin gehört zu den gefährlichsten. Staubüberlagert zieht sich der Highway Nr. 4 – eigentlich kein Highway im westlichen Sinn, eher eine Landstraße – bis in die Nähe Bangkoks. Je näher Hua Hin kommt, desto dichter wird der Verkehr. Auf diesem Abschnitt wird man als Motorradfahrer besonders oft auf den Randstreifen geschickt. Die Qualität des Randstreifens gilt es immer vorsorglich im Auge zu behalten. Kommt einem ein tollwütiger Bus entgegen, es gibt viele, heißt es, auf eine Geschwindigkeit abzubremsen, die ein Ausweichen auf den Sand oder Schotter gerade noch erlaubt. An manchen Stellen aber fehlt der Randstreifen oder er ist blockiert durch eine Kuh, einen Wasserbüffel, einen Traktor oder einen liegen gebliebenen Lastwagen. Vor Prachuap Khiri Khan wäre es dann fast passiert. Ein entgegenkommender Bus überholt einen Truck. Einem wahnsinnigen Mazdafahrer ist das Überholmanöver des Busses zu langsam. Jetzt überholt er auch noch den Bus. Dafür nimmt er den Randstreifen auf meiner Seite in Anspruch. Drei Fahrzeuge kommen mir nebeneinander entgegen. Ein Truck, ein Bus, der den Truck überholt, ein Mazda, der den

Bus überholt. Intervallbremsung, so weit wie möglich runter mit der Geschwindigkeit. Und dann ab in ein neben der Straße liegendes ausgetrocknetes Reisfeld. Der Mazda schlingert an mir vorbei. Dann zieht der Fahrer, den Bus hinter sich lassend, den Wagen wieder auf die Straße. Das sind die Momente, wo ich Eier oder Steine werfen möchte. Der Boden des Reisfeldes ist zum Glück hart. Ich fahre mit der Maschine noch ein paar Meter weiter und finde dann eine Stelle auf die Straße zurück.

Aber die Schönheit der Strecke entschädigt auch. Manchmal, über eine Hügelkuppe kommend, sieht man das Band der Straße vor sich. Endlos und schienengerade läuft es in einen sonnendurchfluteten, weißblauen Horizont. Oder aber Prachuap Khiri Khan, am Golf von Siam in einer weiten Bucht gelegen, nur fünf Kilometer östlich der Straße: Eigenwillige, bucklige Felsformationen begrenzen die Bucht. Fährt man auf einer schmalen Küstenstraße die Bucht entlang, so kann es am nördlichen Ende passieren, dass man unversehens einen Affen auf dem Rücksitz hat, der einem die Haare zaust. Die Straße führt hier ganz dicht an einem Affenfelsen vorbei. Die Tiere sind es gewohnt, dass man sie mit Erdnüssen und Bananen beschenkt. Wehe, man unterlässt es! Dann kommt man nicht heil an diesem Felsen vorbei.

Angenehm auf der Strecke nach Hua Hin wie überhaupt auf den meisten Hauptstrecken Thailands sind die zahlreichen einfachen Restaurantsalas, die neben den Tankstellen stehen. Das Tankstellennetz ist dichter sogar als in Deustchland. Die Gefahr, dass einem das Benzin ausgeht, besteht selten.

Bei Anbruch der Dämmerung erreiche ich Hua Hin. Mit ein Kriterium für die Auswahl der Unterkunft ist die Sicherheit des Motorrads. Es muss ein bewachter Parkplatz sein. Am besten, man kann die Maschine einstellen. Das bieten gerade die preiswerten Guesthouses. So auch in Hua Hin das ‚Puen Guesthouse', das Zimmer für 100 Baht (6 DM) einschließlich eines eigenen verschließbaren Raums für das Motorrad. Zu oft schon haben mir neugierige Menschen nachts an der Maschine herumgespielt und sich ein Souvenir mitgenommen.

Am nächsten Morgen mache ich einen Abstecher in die westlichen Berge nach Burma hin. Auf einer heißen, in der Sonne flimmernden Hochebene führt die Straße an Zuckerrohr- und Ananasplantagen vorbei und endet dann nach 60 Kilometern als Staubpiste im Dschungel an einem Wasserfall. Tiger soll es hier noch geben, hatte man mich gewarnt. Ich habe keinen gesehen. Dafür aber muss man an einer Stelle der Piste durch einen flachen betonierten Bachlauf mitten im Dschungel. Zahllose Schmetterlinge tanzen hier in den

Lichtstreifen, die durch die Baumkronen einfallen, und lassen sich auf Gesicht und Händen nieder.

Hua Hin liegt etwa 200 Kilometer südlich von Bangkok. Bangkok oder Krung Thep, wie die Thais sagen, zu umfahren, ist ratsam. Die Metropole, von Süden kommend, mit dem Motorrad zu durchqueren, ist eine besondere Prüfung, eine Plage, eine Strafe. Schon weit vor Bangkok, auf einer mit Schlaglöchern übersäten Staubpiste, stauen sich kilometerlang die Trucks. Und dann Bangkok selbst: heiß, quirlig, kochend, verstopft stets. Der Highway, der durch Bangkok führt, ist für Motorräder verboten, so dass man sich durch ein Geflecht von Seitenstraßen hindurch finden muss.

Bangkok aber lässt sich leicht umfahren. Von Hua Hin über Petchaburi und dann Richtung Nakhon Pathom. Von hier aus nach Chainut und dann den Highway 1 (nach westlichen Maßstäben wieder eine Landstraße) nach Norden.

Durch sonnenverbranntes, ausgetrocknetes Land geht es weiter nach Nakon Sawan. Es liegt am Highway Nr. 1, der bis in den äußersten Norden nach Chiang Rai und Mae Sai an der burmesischen Grenze führt. Die Nacht verbringe ich in Nakon Sawan im Hotel Phiman am Busterminal. Überall Schilder, vor dem Hotel, am Markt, am Busterminal: „Tragen von Pistolen verboten!" Vom Hotel aus sieht man auf einem Hügel einen riesigen, die Stadt überblickenden Buddha.

Einer der Vor- oder auch Nachteile des Motorradfahrens: Man ist abends so müde und sonnenverbrannt, dass die Sängerinnen in den Coffeeshops der Hotels das Herz gerade noch ein wenig träumerisch stimmen. Mehr nicht. Angenehmer, kühler Schlaf im Aircon-Raum des Phiman.

Mit Sonnenaufgang beginnt der Tag der endgültigen Reise in den Norden. Sechshundert Kilometer sind es bis Chiang Rai. Die Straße ist kaum befahren. Sie führt durch Ebenen mit Reisfeldern, an Gebirgen vorbei, durch Gebirge hindurch, durch Teakholzwälder, Bananenplantagen. Manchmal ist die Straße schienengerade, dann wieder windet sie sich in Kurven und Kehren durch ein Gebirge. Motorradtanzen auf der Straße. Einschwingen nach links und nach rechts in den Serpentinen. Vorbei an Tempeln, Geisterhäuschen und durch Dörfer mit roten und gelben Sternlilien am Straßenrand. Verwirrend mancher Sinneseindruck: Ganze Baumalleen entlang der Straße sind zu dieser Jahreszeit kahl, entlaubt. Geisterhaft sehen sie aus. Es ist der gewohnte Wintereindruck von Deutschland. Aber hier in Nordthailand ist die Luft heiß, gluttrocken, und was die Haut empfindet und was das Auge sieht, passt plötzlich nicht mehr in das gewohnte, vertraute Schema der Sinne. Während der

Regenzeit aber schmeichelt sich der Norden ein ins Herz mit seinen leuchtend grünen, endlosen Reisfeldern und dicht belaubten Wäldern. Jetzt in der Trockenzeit bekommt er einen Zug ins unwirklich Geisterhafte. Hinzu kommt der milchig blasse, feine Dunst, der in der Atmosphäre liegt. Meist ist es der Rauch von Feuern. Reisstroh wird auf den Feldern verbrannt. Die Sonne sticht durch einen Schleier, der die Konturen der Ferne verschwimmen lässt.

Um den Lenker des Motorrads liegt an diesem Tag ein ‚Puang Malai', ein Kranz aus Jasminblüten. Entlang der Strecke, besonders aber hinter Nakon Sawan, gibt es immer wieder Straßenstände, an denen diese Blütenkränze als Glücksbringer für fünf oder zehn Baht angeboten werden. Die Enden des Kranzes sind geschmückt mit Quasten aus weißen Champakblüten oder violetten Orchideen.

Am Nachmittag erreiche ich Phayao, hundert Kilometer vor Chiang Rai. Phayao wird in Reiseführern kaum erwähnt. Es ist eine der schönsten Städte Thailands. Phayao ist die Perle des Nordens, nicht Chiang Mai oder Chiang Rai. Die Stadt liegt am östlichen Ufer eines sechs Kilometer langen und drei Kilometer breiten Sees. Im Westen steigen hintereinander gestufte Bergketten auf, bis zu einer Höhe von 1800 Metern. Wie Drachenkämme sehen sie aus. Die Fläche des

Sees liegt meist ruhig und ungetrübt wie ein Spiegel. Ein paar Fischerboote ziehen über den See, das östliche Ufer entlang fahren langsam Fahrradrikschas. Das Ufer ist hier gesäumt von Restaurantsalas, die abends im bunten Licht von Lampions erstrahlen. Dann kommt etwas Wind auf vom See und den Bergen her und bringt Kühlung nach der Glut des Tages. Phayao ist zaubrisch. In kristallklaren Nächten leuchten Sternformationen am Himmel auf, wie man sie vorher noch nie wahrgenommen hat. Und in manchen Nächten sieht man den Mond der Bergkette zuwandern, deren Silhouette dann von einem blassen, dunklen Silber gestreift wird. Zur gleichen Zeit tönt überall das Ufer entlang eine Musik, die das Herz in eine seltsam entrückte Stimmung zu setzen vermag. Das Juwel Phayaos aber ist Doi Bussharakham, The Hill of the Topaz.

Doi Bussharakham, in keinem Reiseführer erwähnt, ist vielleicht der schönste, der merkwürdigste Tempelgrund in Thailand. Es ist ein Ort, der wohl mit Absicht kaum ausgeschildert ist. Nur ein einziges Schild weist kurz hinter Phayao vom Highway 1 nach Westen in die Berge. Dann kommen keine Schilder mehr an den Kreuzungen und Abzweigungen. Die Straße führt durch Reisfelder. Hier war das ehemalige Königreich Lanna, Land der Millionen Reisfelder. Man muss sich durchfragen. Doi Bussharakham ist der Ort der Königstochter. Zweimal im Jahr kommt sie hierhin. Vielleicht ist man deshalb an Tourismus nicht interessiert. Aber jeder kann Doi Bussharakham besuchen.

Nach einiger Zeit, fährt man darauf zu, sieht man von Weitem das Haupt eines riesigen, weißen Buddhas aus der Bergkette ragen. Von da an ist der Weg leicht zu finden.

Auf einer breiten, in einem mittleren Streifen mit Büschen und Bäumen bewachsenen Drachentreppe steigt man den Berg des Topaz empor. Wendet man dabei den Blick zurück, sieht man Phayao, den See und die Straßen durch die Reisfelder.

Doi Bussharakham: glockenförmige, weiße Chedis; rotgoldene Tempeldächer, eingefasst von goldenen, gegen den Himmel schlagenden Flammenzungen; an den Firstenden das ‚Himmelsbouquet', ein Symbol für den Naga, den mythischen Schlangenkönig; grimmige Yaks als Wächter; Abbildungen goldener Kalavinkas, halb Weib, halb Vogel; scharlachfarbene, siebenköpfige Nagas; goldene Schirme mit Metallplättchen besetzt, die im Wind klingen; ein goldener Buddha in einem Glockenchedi, die Wände innen sind mit Blattgold belegt, das im Dämmerlicht dunkel schimmert; auf der Mitte Doi Bussharakhams ein Gott mit vier Armen, er hält eine Sangmuschel, eine Lotusblume, eine Diskussäge und einen Dreizack, mit dem er wie der griechische Neptun Blitze schleudern kann; oben auf dem Gipfel des Tempelgrundes ein dreißig Meter hoher weißer Buddha im Lotossitz. Wo immer man vor ihm steht, seitlich oder frontal, die halb geschlossenen Augen blicken einen lächelnd an. Blendend weiß ragt sein Haupt in den blauen Himmel hinein. Nicht weit von diesem Buddha, in einem Wihan, einer Gebetshalle, ein zentnerschwerer mit Figuren besetzter Schrein aus reinem Gold. Soldaten mit Maschinengewehren patrouillieren hier.

Bis Chiang Rai sind es noch hundert Kilometer. Der Highway führt jetzt nur noch an Reisfeldern vorbei und durch kleine Dörfer. Die Felder sind meist ausgetrocknet, die Erde rissig. Der westliche Horizont, bis zur Stadt Phan hin, ist von Bergketten gesäumt.

Chiang Rai ist eine gemütliche, fast verschlafene Provinzstadt. Ist am späten Nachmittag die letzte Maschine nach Chiang Mai abgeflogen, wird der Flughafen zum Vergnügungsplatz. Auf der Start- und Landebahn kurven jetzt Motorräder zwischen Spaziergängern, und auf der Rasenfläche daneben wird Fußball gespielt.

Chiang Rai ist Ausgangspunkt für die letzten 60 Kilometer in den äußersten Norden nach Mae Sai. „The northern most point of Thailand" wie ein Schild dort verkündet. In Mae Sai verläuft die Grenze zu Burma. Ein bunter, quirliger Strom von Fahrradrikschas, Händlern und Hilltribes in den verschiedensten Trachten bewegt sich in beiden Richtungen.

Dreißig Kilometer südlich von Mae Sai führt eine Straße nach Osten an den Mekong. Hier liegt die Stadt Chiang Saen und auch das ‚Goldene Dreieck'.

‚Goldenes Dreieck', Mythos für Touristen, Poesie des Namens. Zunächst ein geografischer Punkt nur. Burma, Laos und Thailand treffen hier zusammen, am Mekong, der mit lehmigem Wasser breit und rasch dahinfließt, Dschungel auf der Seite von Burma und Laos. Manchmal, selten nur, Boote auf dieser Seite. Treibholz wird eingesammelt.

Auf der thailändischen Seite: Hotels, Bungalows, Restaurants, Souvenirbuden. Die Felder mit dem weißen Mohn, der Opiumpoppy, sind verschwunden. Goldenes Dreieck, reiches Dreieck. Reich jetzt durch Tourismus. Der weiße Mohn hat sich zurückgezogen in die entlegensten Täler südwestlich des Mekong. Der Krieg der Opiumlorde ist weitgehend Vergangenheit. Der Opiumschmuggel war während des Vietnamkrieges noch vom amerikanischen CIA protegiert und organisiert, um die Kriegskosten zu finanzieren. Nach dem Vietnamkrieg dreht sich die amerikanische Opiumpolitik. Die USA-Drug-Enforcement-Agency macht jetzt finanzielle Zuwendungen an Thailand. Thai-Army Rangers schwärmen aus in die nördlichen Berge, zerstören die

bei Doi Mae Salong

Bogenschütze im Maeodorf

Maeomädchen mit Gameboy

weißer Mohn

in den nördlichen Bergen

Mohnfelder und Heroinraffinerien. Auf den Feldern wachsen jetzt Mais, Kaffee, Tee. Der Mohn hat sich in die entlegensten Täler zurückgezogen. Kleine Felder gibt es nur noch bei den Hilltribedörfern zum legalen Eigenbedarf.

Das Goldene Dreieck, ein Mythos für Touristen. Und doch: dreißig Kilometer nördlich von Chiang Rai geht vom Highway 1 eine Straße nach Westen in die Berge Richtung Burma. Die Straße nach Doi Mae Salong, sie führt durch ein Land voller Zauber, Anmut, Schönheit. Besonders an klaren, sonnendurchfluteten Tagen der Monsunzeit, Herz und Auge wahrlich betörend: der Blick von den Bergpässen. Unten im Tal die Reisfelder. Wie inwendig leuchtendes Grün. Das Wasser auf den Feldern glänzend wie blankes Silber. Darüber das transparente Blau des Horizonts. Die sich windende Straße als schimmernder Schlangenleib. Das Sirren der Zikaden in der Sonne. Dann wieder eine Stille, dass man das eigene Herz schlagen hört.

Begegnungen mit Hilltribes an der Straße. Yaomädchen mit purpurfarbenem Pelzkragen und Silberreifen an den Armen; Akhas mit bunten Strickmützen, der Rand von Silbermünzen besetzt; Meos in schwarzen, bestickten Samtblusen und schwerem Silberschmuck; Lisu in grellen Nylonstoffen mit bunten Borten behangen.

In einem Akhadorf bietet man mir Krümel einer braunen, harzigen Substanz an. Opium. Lieber nicht. Vielleicht ist es nur ein billiger Touristenverschnitt. Am oberen und unteren Ende des Dorfes sind Tore aus massiven Baumstämmen – als Wehrgrenze gegen böse Geister. Vor den Toren Figuren, Mann und Frau, das Wesentliche zur Unterscheidung der Geschlechter überdimensional aus dem Holz getrieben. Die Akhas können die Namen ihrer Ahnen noch bis auf 64 Generationen zurück aufsagen. Die Beziehung zwischen Mensch, Tier, Natur, Universum muss harmonisch sein. Alles soll zur richtigen Zeit, am richtigen Ort und in der richtigen Balance geschehen. Diese Beziehung wird vom Akhazang, dem Gesetz der Akhas geregelt.

Chiang Rai, ein paar Abende noch im Saemphu. Hier werden sie gespielt, die romantisch leisen und die rhythmisch heißen Songs. Auf den Tischen dampfen Tom Yams und drängen sich die Singha- und Whiskyflaschen. Bei den heißen Songs stampfen die Thais den Rhythmus in den Boden, bei den leisen singen die Mädchen den Jungen die Liebeslieder ins Gesicht. Und das Herz wird einem so leicht und schwer zugleich, dass es nie mehr Abschied nehmen möchte von Lanna, dem Land der Millionen Reisfelder.

„Müarai kun glapmah ik krang, kha?" – Wann kommst du wieder zurück?

Suan Mokh – Garten der Befreiung

Das Tempelgelände Suan Mokh liegt am Golf von Siam, fünf Kilometer südlich der kleinen Stadt Chaya. Suan Mokh bedeutet ‚Garten der Befreiung'. Gegründet wurde Suan Mokh 1932 von dem Mönch Buddhadasa Bikkhu, einem Freund des Dalai Lama. Zu Fuß wanderte Buddhadasa Bikkhu von Bangkok aus, wo er Pali, die Originalsprache der Buddhatexte studiert hatte, in das 600 Kilometer entfernte Chaya. In der Nähe Chayas gibt es ein verfallenes, vom Dschungel schon überwuchertes Tempelgelände. Das Volk, an Geister und Dämonen glaubend, meidet es. Zwei Jahre lebt Buddhadasa Bikkhu hier alleine in einer einfachen Hütte, in friedlicher Begegnung mit Tigern. Heute ist Suan Mokh eins der wichtigsten buddhistischen Zentren Thailands. Hier kann man auch als Ausländer das buddhistische Mönchstum erleben und erfahren. Buddhadasa Bikkhu, bald auch Ajahn (verehrungswürdiger Lehrer) Buddhadasa genannt, ist der wohl bedeutendste Mönch Thailands.

Suan Mokh erreiche ich mit dem Motorrad. Zu ersten Mal sehe ich Ajahn Buddhadasa. Unbewegt, im Lotussitz, ruht er auf einer Steinbank; auf seinem Knie, ebenso unbewegt, ein Hahn, der sich nicht darum kümmert, dass zahlreiche Hühner gackernd um die Bank herumschwirren. Wer Suan Mokh kennt, dem wird dieses berühmte Bild vertraut sein.

Ich nehme an einem zweiwöchigen Experiment teil. Um vier Uhr morgens, mit dem Schlag der Tempelglocke, aufstehen. Geschlafen hat man in einer engen Zelle auf einer Bastmatte. Einziger Luxus der Zelle ist ein Moskitonetz. Waschen im Dunkeln draußen an einem Trog. Von 4.30 Uhr bis 9 Uhr abends kommt dann in abwechselnden Intervallen ‚sitting, chanting, walking, guided meditation, practical guidelines'. Zwei Wochen lang auch Schweigegebot, keinen Alkohol, keine Zigaretten, Männer und Frauen in verschiedenen Zelltrakten voneinander getrennt. Selbst bei der Meditation und beim Essen sind Männer und Frauen getrennt, haben auf Distanz zu achten. Es gibt eine Mahlzeit nur am Tag. Um acht Uhr morgens wird dünner, schwarzer Tee gereicht oder Sojamilch. Das Essen, vegetarisch, schmeckt ausgezeichnet. Dass man in Suan Mokh nicht am Business interessiert ist, sieht man alleine schon am Preis. 600 Baht, 40 DM für zwei Wochen ‚Übernachtung mit Vollpension und Anima-tion'.

Die Zellentrakte befinden sich auf dem Gelände von Suan Mokh International, drei Kilometer östlich des älteren Suan Mokh. Es ist ein mit Palmen bestandenes Landstück, das von heißen Quellen umgeben ist. An mehreren Stellen sprudelt aus der Erde heißes Wasser und wird in einem künstlichen Kanalsystem um Suan Mokh International herumgeleitet. Selbst in der tropischen Hitze dampft das Wasser noch und bildet feine weiße Schleier rings um das Land. Auf dem Gelände selbst: zwei Gebäude mit Zellentrakten, eine Halle für Vorträge, Sitz- und Gehmeditation; eine einfache, große, nach drei Seiten hin offene Küchensala, in der man die Tagesmahlzeit, auf dem Boden sitzend, schweigend zu sich nimmt. Einen Glockenturm gibt es noch, ein paar kleine Salas, die Schatten bieten, und sonst nur Palmen, Gras, Büsche und die heißen Quellen. Kein Motorenlärm dringt in die Stille und Abgeschiedenheit.

Einmal am Tag muss man eine Arbeit durchführen, die der Gemeinschaft dient. Da mir Toilettenputzen keinen Spaß macht, trage ich mich für den Job mit dem roten Eimer ein. In den roten Eimer werden abends die Skorpione eingesammelt, die in die Zellen eingedrungen sind. Die Skorpione, da es sich um Lebenwesen handelt, dürfen nach buddhistischer Lehre nicht getötet werden. Es sind kleine, nur zentimetergroße, lehmbraune Tiere, deren Stich ungiftig, aber ziemlich schmerzhaft ist. Mit der Nachtruhe, wird man gestochen, ist es vorbei. Jeder muss seine

Zellenskorpione selber einfangen und dann in den Eimer befördern. Meine Aufgabe ist es, am nächsten Tag, nach der Mahlzeit, mit dem roten Gefäß in den nahen Dschungel zu wandern und die Skorpione freizulassen. Einige werden gewiss wiederkommen.

Die Vorträge in Suan Mokh kreisen oft um ‚Dhuka'. ‚Dhuka ist ein viele Inhalte umfassendes Paliwort. Es bedeutet zunächst einmal: Leiden, Elend, Schmerz, Enttäuschung, Unbefriedigtsein. ‚Dhuka' ist das Resultat, wenn Herz, Verstand, Bewusstsein konditioniert sind durch törichte Wünsche, Begierden, Verlangen. In einem noch weiteren, umfassenden Sinne ist ‚Dhuka' eine allen vergänglichen Dingen innewohnende Eigenschaft. Denn alles Vergängliche wird nie, kann nie zufriedenstellen. Richten sich Herz, Verstand, Bewusstsein auf Vergängliches, werden sie eines Tages unweigerlich enttäuscht. Das Ergebnis, das Resultat des Anhaftens an diesen vergänglichen Dingen ist ‚Dhuka'. Es geht also darum zu lernen, wie man ‚Dhuka' vermeidet. Die Lehre von Suan Mokh lautet auch so: „The boat of desire is the boat of fire." Das Boot des Verlangens ist das Boot des Feuers.

Diese Vorträge über das Anhaften an unnützen Dingen gibt Ajahn Buddhadasa selbst. Am frühen Morgen, im Dunkeln noch, wandern wir hintereinander in das ältere Suan Mokh hinüber.

Auf das geliebte Bier am Abend verzichten? Einfach. Verlockender dagegen, die Grenze der heißen Quellen zu überschreiten und im angrenzenden Dschungel eine Zigarette zu rauchen. Fernseher, Videorekorder, Stereoanlage? Entbehrlich. Das Konzert der Natur kommt rings um Suan Mokh in Quadrophone. Und wunderbare Sonnenuntergänge gibt es, einen Sternenhimmel, wie man ihn kaum noch kennt. Und morgens, bezaubernd in ihrer Anmut, erscheint Aurora, die Göttin des beginnenden Tages. Was interessieren einen da noch Nachrichten, Börsen, Schulglocken, Stechuhren!

Schweigen müssen? Nicht schwer. Eine ausgezeichnete Übung, die man an deutschen Schulen einführen sollte.

Eine Mahlzeit nur am Tag? Einfach. Körper und Geist gewöhnen sich daran, danken es mit Frische und Geschmeidigkeit.

Früh aufstehen? Man gewöhnt sich dran.

Kein Sex? Es sind ja nur zwei Wochen.

Stundenlang still sitzen? Schwierig. Ich würde lieber Motorrad fahren. Draußen vor dem Zellentrakt steht der ‚Goldene Drache'.

Beim Meditieren den Strom der Gedanken und Vorstellungen abschalten? Sehr schwierig. Ich bin ja zum ununterbrochenen Denken erzogen worden. Und außerdem: Fünf Meter rechts vor mir sitzt eine schöne Malaiin. Ihr schwarzes Haar, auf das ich blicke, ist mehr Gegenstand der Meditation als der Buddha selbst. Angenehme Phantasien lassen die Zeit des Stillsitzens schneller verstreichen. Gedanken, Bilder, Vorstellungen sind wie Affen, die lärmend an Lianen herumturnen. Es ist wirklich schwer, das abzuschalten.

Man weiß um die Probleme, die die Anziehungskraft der Geschlechter hervorruft und warnt in Suan Mokh davor. Die Liebe ist anscheinend der größte Dhukaerzeuger. Im älteren Suan Mokh gibt es ein ‚Spiritual Theatre', ein spirituelles Theater. In einer Halle ist die Lehre des Buddha auf Bildern und Wandzeichnungen dargestellt. Außen, an der Südseite des Theaters ein Wandgemälde: kopflosen Menschen wird ein Auge gereicht, damit sie sehen und erkennen können. Innen, im ersten Stock der Halle, auf der Westseite, riesenhaft und unübersehbar: die Frau als Schlange. Mit wehenden Haaren, verlockendem Mund und nackten Brüsten streckt sie einem Mann einladend die Hand entgegen. Der Unterleib der Frau ist als Schlange gemalt. Der Mann hat gerade das Schwanzende betreten und steigt der Frau entgegen.

Warum nicht ein Bild mit vertauschten Rollen? Oder hat man an die Allegorie der ‚Frau Welt' gedacht? Die Welt (feminin), die Verlockung durch die Welt als Frau dargestellt?

Wirklich? So soll die Welt, so sollen die Frauen sein? Heißt es nicht bei einem, der es wissen müsste: „Alles Weibliche zieht uns hinan [also empor]."? Und jetzt soll es plötzlich hinabführen? The boat of desire is the boat of fire? Was ist schlecht daran, eine Frau zu begehren? Was ist schlecht an der Lust auf die Welt? Was überhaupt soll falsch sein an Wunsch, Verlangen, Sehnsucht? Sind Wunsch, Verlangen, Sehnsucht nicht menschlich? Ist die radikale Lehre von Suan Mokh unmenschlich? Zu verwirklichen nur für Ausnahmewesen, für Buddhas? Ist der Buddhismus eine Abtötungsphilosophie? Und hat mir nicht einmal ein Maler auf Phuket gesagt: „Life is beauty, beauty is color, the rest does not exist!"

In dem Maße wie Suan Mokh mich zu verwirren begann, lockte und verlockte draußen die Welt immer mehr. Asiens Straßen warteten. Mein Herz wollte brennen. Am Morgen des zehnten Tages, während die anderen in der Meditationshalle saßen, startete ich die Maschine und verließ Suan Mokh International.

Aber wenigstens ein Buch von Ajahn Buddhadasa will ich mir noch kaufen. Und die Kassetten mit dem Vortrag „The prison of Life". Vielleicht habe ich ja nur etwas falsch verstanden. Ich fahre zunächst einmal die drei Kilometer nach Westen in das ältere Suan Mokh.

Am Eingang stelle ich das Motorrad ab, gehe zu Fuß weiter. Auf dem Weg zum Bücherstand und zum Spirituellen Theater, wo man die Kassetten bekommt, muss ich an der Steinbank vorbei, auf der Ajahn Buddhadasa am Morgen immer sitzt.

Sein Lächeln, als er mich kommen sieht. Weiß er, dass ich jetzt eigentlich in der Medititationshalle sitzen sollte? Auf seinem Knie der Hahn. Bewegungslos verharrt er.

Das Winken Ajahn Buddhadasas. Ich soll zu ihm kommen. Ich gehe zu der Steinbank, falte die Hände zu einem Wai, verneige mich.

„Du brichst die Meditation ab?" fragt Ajahn Buddhadasa. „Es sind nur noch vier Tage."

„Ich kann nicht mehr still sitzen", sage ich. „Außerdem glaube ich nicht an die Abkehr von der Welt."

„Es ist eine Abkehr von törichten Illusionen."

„Ich habe Sehnsucht nach der Schönheit der Welt."

„Du musst viel Weisheit entwickeln. Dein Wunsch wird dich sonst verbrennen. The boat of desire is the boat of fire."

„Mein Herz möchte aber brennen."

„Du musst es kühl halten. Ein heißes Herz ist gefährlich."

„Ich möchte es herausfinden."

„Find it out!" sagte Ajahn Buddhadasa. Dann winkte er einem jungen Mönch in orangefarbener Robe, bat um eine Schale mit weißen Jasminblüten. Der Mönch brachte die Schale.

Ajahn Buddhadasa reichte mir eine Jasminblüte und sagte: „If you stick to love you will have a life worse than a dog! Love without the lover!"

Ich nahm die Blüte, verneigte mich. Der Buddha lächelte. „Take care!" sagte er. Suan Mokh verließ ich Richtung Norden. Hier schien mir die Welt am verlockendsten. Chiang Mai, Chiang Rai, der Mekong mit dem Goldenen Dreieck, die Berge mit den versteckten Mohnfeldern. Asiens Straßen standen wieder offen.

Über den Autor: Nach der Promotion in Germanistik Unterrichtstätigkeit am Gymnasium und als Dozent für DaF an einer Universität, Förderpreis zum Literaturpreis Ruhrgebiet, Veröffentlichung von Romanen, Reisereportagen. Zahlreiche Publikationen über den Jakobsweg, den der Autor mal mit mal ohne Esel gegangen ist. Allein in den letzten sieben Jahren mehr als 6000 Kilometer zu Fuß durch Deutschland, Frankreich und Spanien.

Erscheint voraussichtlich im Sommer 2017:

Rüdiger Schneider: ‚Sayalonga oder Wie mir Deutschland abhanden kam' – Roman

Kongo-Paul, wie er von seinen Freunden genannt wird, sucht mit 65 Jahren das große Glück. Er gibt seine eigene Wohnung auf und zieht zu Isabell, einer um 40 Jahre jüngeren Schönheit aus dem Kongo, die mit ihren Kindern, den Zwillingen Ben und Micky in Bonn wohnt. Doch bald ist Pauls Barvermögen wie auch sein Vertrauen dahin. Als

Obdachloser, der nur eine schmale Rente bezieht, flieht er nach Spanien, in die Nähe von Malaga. Er sucht eine neue Heimat, eine neue Orientierung. Dies auch im philosophischen und religiösen Sinn, da ihm der Kapitalismus, digitaler Stress, eine sich hektisch beschleunigende Welt und ein Christentum, das nur noch als Alibi-Mäntelchen dient, zunehmend auf die Nerven gegangen ist. In dem Bergdorf Sayalonga, unweit der Costa del Sol, startet er ein neues Leben.

2016 erschienen:

Rüdiger Schneider: ‚Crazy Doc', Roman, 220 S., ISBN 978-3-7392-1550-1, 9.90 €

Es geht turbulent zu in der Mondmannschen Anstalt auf dem Bonner Venusberg. Eine illustre Gesellschaft hat sich dort versammelt. Wo ist das wahre Irrenhaus? Dort oder draußen in einer aus den Fugen geratenen Welt? Ein Schelmenroman mit zeitkritischem Hintergrund!

Rüdiger Schneider

Die neuen Räuber

Kriminalnovelle

nach einer Idee von
Friedrich Schiller

Ebenfalls 2016 erschienen:

Die neuen Räuber – Kriminalnovelle (nach einer Idee von Friedrich Schiller) ISBN 978-3-83704-0234, 144 S.

Maximilian Moor ist Inhaber eines Bonner Bankhauses. Die Bankgeschäfte, die mit Transaktionen im Waffenhandel zu tun haben, will er seinem ältesten Sohn Karl übergeben. Aber der genießt in Leipzig lieber sein Studentenleben und hat ganz andere Pläne. Seine Brüder, die eineiigen Zwillinge Franz und Fritz, die selbst die Bank übernehmen möchten, intrigieren gegen ihn, bringen ihn sogar ins Gefängnis. Doch Karl kommt frei, erscheint zu Hause und gerät in ein gefährliches Komplott.